〈私〉であること

2

哲学はじめの一歩

立正大学
文学部哲学科
〈編〉

春風社

2

〈私〉であること

3

〈私〉であること

陽だまりに位置を変えつつ背を丸め、まったり寝入るネコの幸せ。こうした光景にいやされつつ思わず「お前たちネコはいいな、悩みなんかなくて」とつぶやいてしまう私たち人間。このネコ的な「まったりとした幸せな時間」を羨望する現代人の内面からは何がみてとれるであろうか。

人間は言葉の世界に産み落とされ、生きることに意味を求める存在である。人間の崇高さも不幸というか厄介さも、ひとえにこの人間が言葉・シンボルを操る存在であるというところに求められる。なぜ私はネコではなく人間としてこの世界に生を享《う》けたのか？　誰の意志でこの世界に遣わされたのか？　このような自らの存在に対する根源的な問いもあろうし、もっと具体的には、私はよりによってなぜこの時代のこの親の元に生まれてきたのか？　という、自分の出自や境涯に対する疑問や不遇感からの問いもあろう。

果たして人が生きることに意味はあるのか？　人間の幸せな生とは？　人間一般について問うているのではない。他の誰のことでもない〈私〉の幸せとは何なのか？　そもそも〈私〉は何がしたいのか？　〈私〉は何者なのか？

現代人の生きる世界はグローバル化や情報化で限りなく広がりをもち、個人の行動範囲は拡張され生き方の自由度や可能性も拡大しているように見える。しかし人はひとたび先に述べたような「〈私〉であること」の哲学的問いのループに落ち込めば、すなわち「私という謎」「私という病」に取りつかれれば、もう世界も他者もまったく関係なくなってしまう。さらに経済格差や貧困問題が深刻化する現代世界を生きる若者たちの内面は、自らの不遇感や生き難《がた》さの感情に翻弄され自分の自分への関係がこじれて折り合いのつけられないまま、孤立感に追い詰められ自らを死に追い込む行為に及ぶことにもなりかねない。

したがって、〈私〉であることへの哲学の問いは、現代社会を生きる人間のこのような問題の文脈を離れては考えられないであろう。ここでは理性的存在としての人間一般への関心は通用しない。抽象的主体に還元できない〈私〉、性や身体をもち感じる主体である〈私〉、それゆえに日常的で卑小な現実の中で他者との関係に悩みを抱える〈私〉が問題になっている。自分が自分を受け入れることができない苦しみ・生き難さこそが一番の問題であり、切迫感を伴った、具体的にいまここに生きてある〈私〉に関心が向けられている。

現代では悩める人のこれらの問いに、とりわけ〈私〉とは誰かの問いに対しては、哲学以外にも社会学や心理学が、つきあってくれるかもしれない。社会学なら「アイデンティティ」という言葉を導きとして、また心理学は「傾聴《けいちょう》」というカウンセリング・マインドで、悩める人への個人的ななんらかの処方箋を導き出すこととして。

しかし哲学的問いとして「〈私〉であること」に向き合う本書は、近代哲学が立ててきた自立的な主体や自我や自己といった主体像にも、社会学の単一のアイデンティティ像や個人のこころの問題に還元する心理学の〈私〉の議論にも、疑問を呈するというスタンスで向き合うことになるであろう。言ってみればそれは、私は誰？　私って何？　と問う議論、アイデンティティ探し、つまり人間存在の単一なアイデンティティを求めるのはもうやめようということ。いくら皮を剥いでも中心のない玉ねぎのように、いくら私探しを重ねてもほんとうの自分になんて出会えるわけではない。確固たるものとしての私という中心があるわけではない。関係の束としての〈私〉があるだけだ。

そういう〈私〉の束を基礎づける哲学の自己知の根源性について、時の推移を越えた効力においてこそその特異性を際立たせる意味世界を生きる人間について、関係の束としてのわれについて、他のだれでもないこの私である〈自分〉が向き合う二人称的〈他者〉との関係性について、本書の四つの論稿を通して、「〈私〉であること」への哲学の問いに皆さんを誘《いざな》いたい。

（金井淑子）

1

〈私〉であること

湯浅正彦

自己知と、同定を含まない自己指示

学生　それにしても先生、なんで〈私〉なんか問題にしなくてはならないんですか。誰でも自分のことは自分が一番よく分かっているでしょうに。

教師　逆に自分のことは自分が一番分かっていないという見方もあるよ。自分の狭い料簡《りょうけん》での自明性《じめいせい》に安住してはいかん。そもそも「自分のことが分かる」とはどういうことか、からして吟味してかかる必要があるんだ。

学生　そういうものなんですかね。

教師　まさにそうであることが、やがて分かるだろうよ。
ともあれ、まずは、哲学的な術語《じゅつご》をいくらか導入しておこう。〈私〉とは、「私」という言葉を使用して自己自身を指示したり表現したりする者としてのわれわれのそれぞれであると、とりあえず言っておこう。そうした〈私〉は術語的には「自我」と称される。

学生　当たり前のことをわざわざ難しく言ってみせるのが「哲学的」なんですかね。

教師　どんな学問でも術語を使用しないものはない。……まあ、そのうち慣れるよ。

続けると、「自分のことが分かっている」というのは「自己」について知っている、簡略化して「自己知」（くどく言えば、「自己についての知識」）ということだ。「知っている」の代わりに「認識している」とも言うし、そうすると「自己認識」ということになる。

学生　……具体的には、たとえばどういうことなんですか。

教師　たとえば、

①「私は身長が一八〇センチメートルである」とか、

②「私は学生指導について考えている」とか……

学生　なんだ！　ありきたりのことじゃないですか。やっぱり、なんで問題にする必要があるのか分からないや。

教師　いま、ありきたりでないことを分からせてあげるから、そうせかせなさんな。一見ありきたりの事柄が、吟味してみると深遠な問題につながることがあるのさ。

そこで、まず、①における「私」は「私の身体」と言い換えることができるが、②は、〈思考とは（身体の一部である）脳の状態でしかない〉という奇妙な説の信者でなけりゃ、そう簡単に言い換えはできないだろう。

前者の場合「私」は、世界のうちの建物や道路や街路樹なんかと同じ「対象」（「物体」と言ってもいい）の身分をもつので、①のタイプの「私」の用法を「対象としての用法」と言う。それに対して②のタイプの用法は「主観としての用法」と呼ばれる。

学生　「主観」というのはどうもピンとこないけれど、まあ②の「私」は「心」だとでもしておきましょう。でも脳なしでは考えられないでしょうに。

教師　それはまた別の機会に取り上げるとしよう。あらゆる問題を一挙に論じることはできないよ。順序を付けて繋《つな》がりを見通しながらていねいに論じていく必要があるんだよ。探究には持続と忍耐が必要なんだ。もう少し事柄に踏み込むなら、①のタイプの言明《げんめい》には或る種の誤りの可能性があるが、それが②のタイプの言明にはない。

学生　「言明」ときましたか。まあ「自己知」の言語表現なんでしょうね。それで、どんな「誤りの可能性」なんですか。

教師　たとえば、自分の身体検査の結果についての書類を読んでみると、そこには身長一八〇センチメートルとあったが、実は手違いで他人の検査結果が手渡されていたことが判明した場合。これを分析すると、「私」が指示するはずの人物（つまり「教師」である私自身）と、「身長一八〇センチメートル」という述語が当てはまる人物（他人）とが同一であると認定してしまったのであり、それが実は間違いであったため、①は偽になる場合がある。

学生　たしかに先生はどう見ても身長一七〇センチメートルぐらいしかないですからね。そのお歳で身長がぐんと伸びるわけもないし。で、その変てこな間違いの可能性が②にはないと。

教師　「私」が指示している人物（つまり「教師」である私自身）と、「学生指導について考えている」という述語が当てはまる人物とを同一であると認定する――面倒なので「同定《どうてい》する」と言わせてくれたまえ――ことに関しては、誤りの余地がない。自分に当てはめてごらん。君が愛《いと》しい彼女のことを思っているときに、「私」（学生である君自身のことだよ！）と、「愛しい彼女のことを思っている」という述語が当てはまる人物とを同定することに関して間違う、なんてことはないだろうが。

学生　そりゃ、たしかにそうですね。「思い」がつのって辛《つら》いのは、間違いなく私自身ですからね。それで話はどこへ行くんですか。

教師　以上をまとめると、②のタイプの「私」を使用する、すなわち「主観としての用法」による言明――その他の例としては、「私は、カナリアを見ている」とか「私はお腹が痛い」などが挙げられる――には、〈「私」に関する同定の誤り〉がありえないのだ。そうした誤りに対して〈絶対の免疫をもつ〉とでも言おうか（本対話末尾の［補註］を参照）。問題は、

学生　いったいなぜ、②のタイプの言明がそうした特徴をもつか、だ。
教師　ふうん、なんでなんですかね。
いま問題としたような「同定」が実はそこでは行なわれないからだ。
一般に②のタイプの言明を
「私はPである」
と表現しよう（「P」には、「学生指導のことを考える」、「愛しい彼女のことを思う」、「カナリアを見る」、「お腹が痛い」等々を――適当に変形・補足して――代入できる）。すると、「私」が指示する人物――つまり自己自身――と「P」が当てはまる人物を同定する、この意味での「自己同定」は行なわれないからだ。そうした「私」の使用による自己指示を、「同定を含まない自己指示」と称する。
学生　だいぶテンションが上がってきましたが、ともあれここまでは、一応分かったことにしましょうか。議論が先に進めば、振り返ってみて、いま先生の言われたこともっとよく分かるようになるのでしょうからね。
教師　いい心がけだ。哲学議論と付き合うには、そういう心構えを取ることがとても大切なんだ。全体を部分から、部分を全体から忍耐強く持続的に理解する努力が必要なんだ。

自己同定

学生　でも先生、「私」の使用が、自己同定とやらを含む場合もあるんじゃないですか。

教師　そうかな。どういう場合か、詳しく言えるかね。

学生　たとえば、食中毒を引き起こすと疑われるお弁当を食べてしまったひとびとがいるとします。

教師　あまり愉快な例ではないが、続けたまえ。

学生　で、保健所の職員がやってきて、「みなさんのうち、お腹に痛みを感じているひとはいますか」と尋ねたのに対して、或るひとが「私は痛みを感じています」と答えたならどうです。「私」で指示される人物と「お腹に痛みを感じている」人物とが同一人と認められるからこそ、そう発言するのでしょう。

教師　よく考えたが、残念ながらポイントをはずしている。
というのは、今の場合だと、そうした同定を行なうのは、「私はお腹に痛みを感じている」と発言する人物自身ではなく、保健所の職員だからだ。発言の当事者が、「お腹に痛みを感じている」人物を、自己自身と同定することが行なわれないこと、これが肝心なんだ。

学生　なるほど、そうか。

教師　だが、その意味での「自己同定」をわれわれが行なう場合が稀だがあることはある。

学生　どんな場合なんですか。

教師　君はヨーロッパ旅行をして、かの地の宮殿の類《たぐい》を見物したことがあるかね。

学生　なにせアルバイトで生活費をかせいでいるもので……

教師　そうか、まあ将来そういう機会もあるだろうさ。そうした宮殿のうちには、いたるところ巨大な鏡張りの大広間があったりする。そのうちを大勢のひとと一緒に歩くなら、なにかを見るたいていの場合に、見る者と見られるものとの間には、一つか、もっと多くの鏡が介在するだろう。その場合、自己自身を観察していながら、観察しているのが自己自身であると気づかないでいたのに、よく観察しているうちにそれが自己自身であることに気づくという場合もあるだろう。つまり、それが、見ている「私」と、見られている人物とが同一であると認める「自己同定」というわけだ。それは、「世界」のうちの「対象」の一つとして自己自身を観察することなのだ。注意を要するのは、そうした場合には、「自己同定」がいつでも正しいという保証はないし、自己自身だと認識したと思ったのが実は他人だった、というような誤りの余地があるということだ。他方先の「私」の「主観としての用法」を含む言明、あるいはそれが表現する認識には、そうした誤りの可能性はないのだ。

学生　なるほど……でも前者のような「自己同定」はとても稀《レア》なケースですね。

逆に言えば、われわれが「私」を使用して言明し自己知をもつ場合のかなりの部分は、「主観としての用法」であって、それが基礎になって他の種類の自己知——いま例に出された誤りの余地のある「自己同定」というケースも成立するような気もしますが、どうなんでしょうね。

教師　まさにそうであることを後で論じることになる。それは後のお楽しみだ。

外的感官と内的感官、内観とそれに関する一つの解釈

学生　ところで、出発点で出された①と②のタイプの言明においては、「私」が指示するのはそれぞれ〈私〉の「身体」、「主観」だか「心」だと言われていたと思うんですが、この両者の関係はどうなっているんでしょうか。

「知る」とか「認識する」とかは、やっぱり「心」としての〈私〉に属する働きだろうとは思うんですが……

教師　いいところに注目したね。まず、先にみた鏡張りの宮殿での自己同定の場合には、「自己」としての「私」は勿論《もちろん》「身体」が主眼で、道路や街路樹なみに知覚――見たり触れたり、といった五官の働き――によって観察されるものであることは明らかだろう。

学生　「五官」というのは、眼・耳・鼻・舌・皮膚といったものを言うのですね。

教師　そうだし、「官」とは「感官《かんかん》」、つまり身体器官のことだと一応理解してよいが、たんなる物質としてではなく、その働き――視覚・聴覚・嗅覚・味覚・触覚――にアクセントを置いて捉えられていることに注意して欲しい。

学生　いまひとつピンと来ませんが、まあいいでしょう。先を続けてください。

教師　では、「私」の「主観としての用法」を含む言明の例を顧《かえり》みるなら明らかなように、それは、「考える」・「思う」・「見る」・「痛みを感じる」といった通常は心の働きとか状態を示すとされる述語を取っている。そして伝統的には、外的な物体を知覚し観察する働きの属する五官を「外的感官」と称するのに対して、心の働きや状態そのものを捉える働きとして「内観《ないかん》」を立て、それを「内的感官」に帰属させるということが長らく行なわれてきたのだ。

学生　五官は物質的なものとして捉えどころがあるけど、「内的感官」となるとなあ……。でも「内観」は働きなんだから、外的な物を知覚する働きに類似した、言わば〈内的な知覚〉みたいなものとしてなら、どうにか納得できるような……

教師　だがここで、われわれのそれぞれ、その意味での〈私〉が自己の心の働きや状態を知る仕方と、他者のそれを知る仕方とでは、歴然と違っていることに注意するべきだ。

学生　どういうことですか。

教師　他人《ひと》は見かけによらないと俗に言うだろうが。たとえば悲しみを表に出す性質《たち》のひともあれば、ぐっとこらえて平静な様子をするひともいるだろう。外面的な、つまり外的感官で知覚し観察できるような振舞いが、他人の心の状態や働きに対してわれわれが接近し知るための、唯一の手がかりなのだ。先回りして言えば、その際、たとえば「悲しい」と言う、ことも振舞いの一つなのだ。

学生　たしかに、振舞いに一切出ない他人の感情なんかは知りようもありませんね。

教師　だが君が彼女への自分の思いを知る仕方はどうだろうか。しばしばおっとしている、ときどき彼女の名を口走る、彼女の前では眼を伏せて顔を見られない……なんてのは、たしかに愛情《おもい》を推測させる振舞いではある。だが、君はそうした振舞いによって自己自身の愛情を知るのかね。

学生　いいえ！　直《じか》に分かります。この胸のたぎる思いは……

教師　いや、もういい。要するにそういうことだ。自己自身の「心」の状態や働きに対しては、或る種の外的な振舞いがたとえそれに伴うのが通例であるとしても、それとは独立に、まさしく直接に知ることができる。その働きをこそ「内観」と呼ぶのだし、それは自己の「心」への直接の、或る種特権的な接近法と言われてきたのだ。あるいは、われわれそれぞれにとって自分の「心」とは、こうした「内観」によって接近しうる固

学生　有の領域として存在している、と言ってもよかろう。「内観」のもつ意味はよく分かりましたが、それが「私」の「身体」と「心」との区別と関連の問題にいったいどういうかかわりがあるのでしょうか。

教師　まあ、そう急がずに。少し回り道のように思われるかも知れないが、「内観」についてもう少し吟味してみよう。迂遠《うえん》に思える諸問題の考察が結局は繋がっていることが分かるというのが、哲学的な探究の醍醐味《だいごみ》の一つなのだから。

学生　そうなんですかね。

教師　そこで、だな。君が先にはしなくも言ったように、「内観」を〈内的な知覚〉と解釈する見方にわれわれはつい傾きがちだ。

学生　え！　でも、〈外的な知覚〉があれば、〈内的な知覚〉を考えるのは自然じゃありませんか。

教師　どうかな。ではまず、〈外的な知覚〉とはどういうものか言ってごらん。

学生　そりゃ、たとえば、友人の某君《ぼうくん》は、よしゃいいのに、近頃あごに無精《ぶしょう》

髭《ひげ》を伸ばすようになったんです。見るたびにこっちがムズムズしてきて
いやだけど。ともかく、某君の顔を見るたび、あご髭があると分かる。
こんなんでいいんじゃないですか。

教師　うむ、よかろう。では、君の苦手な術語による分析を加えてみよう。つまり、「某君にはあご髭がある」ということを君は外的な知覚によって認識している。

学生　はあ。

教師　その説明には、本質的な部分として次のような事実が含まれるだろう。つまり、〈君が知覚する人間にそなわる、観察された諸特性〉は、〈君が知っている他のいろいろなこと〉と一緒になると、君にとっては、その人間を某君として同定するのに十分であるという事実である。どういうことか分かるかね。

学生　また「ドーテイ」ですか。どうも別のことが連想されて……。そんなこと言ってる場合じゃないか。
ええと、「君が知覚する人間にそなわる、観察された諸特性」というの

教師　は、たとえば某君の背文は一八〇センチメートルぐらいで、猫背で、髪が肩まで垂れていて、……なんてので、いいんですか。

学生　まあ、よかろう。

教師　「君が知っている他のいろいろなこと」というのは、たとえば某君とは入学以来三年間の付き合いだけど、成績は中の上、北海道出身で、剣道部ではちょっとした顔だ……なんてので、いいですか。

学生　うん、よかろう。

教師　たしかに、そういった知覚的諸特性プラス背景的知識があるからこそ、私は、その都度出会った人間がお馴染《なじ》みの某君と同一の人物と認定する——「同定する」ことができる、というんですかね。

学生　君、なかなか冴《さ》えているよ。それじゃ、こうした〈外的な知覚〉による知識の獲得の説明を、〈内的な知覚〉としての「内観」に適用してごらん。

教師　どんな例でやりましょうか。

学生　「私は痛みを感じている」というのではどうかね。

学生　これまたあんまり愉快じゃないが、まあやってみましょう。ええと、その場合、私は「内的感官」だか、によって或るものを内的に知覚し観察するのであって、すると、それにそなわる「観察された諸特性」のおかげで、私は、その或るものを私、正確には、「心」としての私自身として同定することができる。そして同時に、私には「痛み」という状態が帰属していることが分かる。——これでどうです。

教師　結構だ！　素晴《すば》らしい。

学生　でも、考えてみれば、「私は痛みを感じている」という言明は、「同定を含まない自己指示」の事例だったはずなのに、これじゃ自己同定を含んでいることになりませんか。

教師　よく気がついたね。感心、感心。

学生　感心している場合ですかね。話はどうなるんです。

教師　目下問題にしている見方では、「内観」は「内的感官」による或る意味での知覚ないし観察による自己同定を含むことになるんだが、この見方は実は破綻《はたん》する、あるいはむしろ「空回《からまわ》り」すると言いたいんだ。

学生　なんだ！　じゃ、そんな見方を問題にする必要はないじゃないですか。

教師　それは違う。哲学において重要なのは結論だけでなく、それ以上に、問題となっている事柄を探究する際に可能なさまざまな見解を吟味して、どの程度説得力があり、また妥当性があるかを、明らかにすること、それをつうじて、最も説得力があり妥当性がある見解を追求してゆくことだ。それが哲学議論というものなんだ。

学生　そうなんですかね。ずいぶん骨が折れそうですね。

教師　その労苦を負って精進《しょうじん》することこそ、哲学に従事するものの本望だ！

学生　分かりましたよ。付き合えるほどにはお付き合いしましょう。で、話はどう続くんです。

教師　当面の「内観」に関する見方は、自己同定を含むと主張するが、にもかかわらず、出発点であった、〈「私」に関する同定の誤り〉がないことを独自の仕方で説明できるという強みがあるんだ。

学生　ほう、どんなふうに説明するというんです。

教師　私が「内的感官」によって自己を内的に知覚し観察する場合、知覚した

学生　自己が或る重要な特性をもつことが分かる。

教師　なんですか、それは。

学生　〈私の内的感官の対象であるという特性〉だ。

教師　なんだか肩透《かたす》かしをくったような……。それのどこが重要なんです。

学生　その特性をもつことは他ならぬ私自身（私の自己）にしかできない――論理的にできない――のであって、だからこの特性を捉えることによってこそ、私は私自身を私自身として誤る余地なく同定できる。

教師　なんだか抽象的な話だな。その特性っていったいどういうものなんでしょうかね。捉えどころがないや。

学生　理論的考察の展開と追究において、或る局面では抽象的になることは、やむをえない。

教師　ただ、こうした変てこと言われかねない特性を持ち出すところに、問題の見解の誤謬が透《す》けて見えていると私は思う。

内観に関する先の解釈の破綻

学生　どう間違っているんです。

教師　君の苦手な抽象論をもう一歩進めるんだ。先の主張は、或る自己が、〈私の内的な感官の対象であるという特性〉を所有していることによって、その自己を私自身と同定するというのだが、そのためには、私は、私こそがその自己を内的感官によって観察していることを知っているのでなければならないはずだ。

学生　なんだかめまいがしそうだけど、いま先生が強調されたことは、もしもそれが成り立たなければ、問題の〈内的な知覚だか観察だか〉はいったい誰がしているのか、当人たる私に分からないことになるというのですか。

教師　まさしくその通り。

学生　ううん……それでどうなるんですか。

教師　いま強調したその自己知は、「私は痛みを感じている」という知識に含まれる自己同定を可能にする根拠なんだから、後者の自己同定から生じてくることはありえない。

学生　なるほど、そうですね。すると、どうなるんだろう。

教師　要するに、少なくともこの一つの自己知に関しては、あの変てこな特性にもとづいた自己同定を含まずに成り立っている。すると、「私は痛みを感じている」や、その他の「私」の「主観としての用法」を含む言明が自己知を表現する場合にも、自己同定なしで自己知が成立すると考えてならない理由はあるまい。

学生　ええと、それじゃあ……

教師　まとめて繰り返すと、こうなる。「内観」を〈内的な知覚〉による心の自己同定を含むと解釈する見方は、第一に、問題になっている自己知の説明として成功するためには、〈当該《とうがい》の自己同定を含まない自己知〉が成立していることを認めねばならない。

学生　……いいでしょう。

教師　第二に、問題になっている自己知、たとえば「私は痛みを感じている」という言明が表現するそれ、も、自己同定を含まずに成立すると認めることに問題はないだろう。

学生　でも、それは……なんだかはぐらかされたような。少なくとも「内観」についての積極的な説明にはなっていないような気がするんですが。

教師　割り切った言い方をすれば、「積極的な説明」を〈内的な知覚〉という仕方で求める思考習慣から抜け出ることが肝心である、と言いたいんだ。その後でこそ、「積極的な説明」を求める正しい方向を探ることもできるだろう。

ともあれ、違う角度から、さらに説明しよう。

学生　ふうー……。

教師　ふむ、少し疲れたかね。

学生　大丈夫ですよ。説明をお願いします。

教師　……それでは、君が或る物、たとえば梅干しの赤さを見るとしよう。

学生　こりゃ具体的だわ。

教師　うむ。奇妙に聞こえるかもしれないが、その場合君は、梅干しの赤さという性質を、赤い梅干という物を見ることなしには、見ることはできないだろう。

学生　そりゃ、そうです。

教師　それと並行的に、こう考えてはいないか。つまり、「痛みを感じる」という自己自身の状態を知るには、〈その状態をもつものとしての、君の自己自身〉を知ることが必要である、と。

学生　まったくその通りでしょう。だって、そうとしか考えられないもの。

教師　それはどうかな。われわれは、外的な物体についての知識と、われわれが自己自身についてもつ知識、つまり自己知とを並行的なものだと前提してかかってよいだろうか。
つまり、硬く言えば、「知覚された外的な物が感覚的な性質をもつことについての、観察による知識」をモデルとして出発して、〈内的な知覚〉を構想し、「内観」による自己知を解釈するという見方を吟味したところが、そこでは自己同定、つまり〈自己が自己に対して、外的な物と同様に対象として提示されること〉はないことが分かったのだろう。だとすれば、物と性質についての知覚による知識にもとづくそのモデルそのものを放棄するのが筋であろう。要するに、君は、〈内的な知覚〉による説明の背後にあるモデルにまだ惹《ひ》かれているのだろうが、その方向で「積極的な説明」を求めることは断念すべきなのだ。

学生　そうは言われましても……簡単には……

教師　簡単にできたら、誰も人生注《つ》ぎ込《こ》んで何十年も哲学の訓練などやりはしないよ。日々の訓練が大切なのだ。

心と身体

学生　それで、〈私〉の「身体」と「心」の関係については、どうなるんです。まだ釈然《しゃくぜん》としないんですが。

教師　それについて当面明らかにできるほどのことを明らかにしよう。

学生　先生、その言い方って、まだまだ奥深いものがあるんだぞって感じで、嫌味に思うひともいるかもしれませんぜ。

教師　それは……しかたがない。あらゆることを一挙に論じることはできないと、先にも言った通りなんだよ。われわれの目下の対話は、自ずと一つの探究の脈絡を形成していて、そのなかで触れられることは限定されざるをえない。さらに立ち入って解明するには、あらためて別の探究を遂行せねばならないんだ。

学生　……まあ、結構ですよ。続けてください。

教師　では、「私」の「対象としての用法」を含む言明として、
③「私は机に向かっている」
というのがある。

学生　たしかにその場合の「私」は「私の身体」と理解できるでしょうね。

教師　言明③は、〈「私」の同定に関する誤り〉に対して〈絶対の免疫〉があるわけではない。どういう場合に間違うか、分かるかね。

学生　どういう場合なんです。

教師　ヒントをあげよう。「ヨーロッパの宮殿」……

学生　あ、鏡ですね。鏡が介在する場合だ。ちょっと想像するのがむずかしいところもあるけど、……まあいいでしょう。

教師　とはいえ、それはきわめて稀なケースで、言明③は鏡などが介在しない、通常の場合には、〈「私」に関する同定の誤り〉にたいして〈免疫〉があると言える。

学生　ふうん。どうしてだろう。

教師　われわれが言明③を行なう状況を具体的に考えてごらん。

学生　それは、要するに（鏡などを介在させずに）自分の目の前に机を見ている状況でしょうよ。

教師　つまり
④「私は眼前に机を見ている」
という言明、明らかに「私」の「主観としての用法」を含んでいるような言明が真である場合だ。

学生　なるほど。すると……

教師　そう、言明③を行なってそれが真になるためには、言明④を、真になるように行なえなければならない。その意味で、「身体」についての自己知は「心」についての自己知に依存しているんだ。哲学的な術語をもってすれば、後者は「根源的」で、前者は「派生的」なのだ。

学生　ううん、「根源的な自己知」ですか。

教師　実際は、もっとやっかいな議論をしなければならないんだが、そう主張していいと私は思っている。

学生　そんなに嵩《かさ》にかかって凄《すご》まないでくださいよ。一応は、分かりましたよ。でも議論が足りないんでしょう。十分納得、とはいかないなあ。

教師　では補足としてもう一つ議論を示そう。君は、われわれのそれぞれが或る物体を「私の身体」であると言うときに何を意味していると思うかね。

学生　何ですかね。

教師　私としてはこう言おう。私の身体とは、それにそなわる眼から私が見るような物体、私が語るときそれにそなわる口から音声が発せられるような物体、私が腕を上げるときそれにそなわる腕が上がるような物体、私が押されていると感じるときそれを押している物があるような物体、などなど、と。

学生　分かりました！　たしかにそうです！

教師　ところで、これが肝心なことだが、いま強調した箇所が表現する自己知は、「私」の「主観としての用法」を含む言明によって表現されているような性質のものなのだ。これが何を意味するか、分かるかね。

学生　つまり、「心」に関する自己知が「根源的」であると。

教師　その通り！　われわれが身体としてこの世界のうちで生き、認識し、さらには行為することにおいてさまざまなものごとにかかわるときには、同時に、〈根源的な自己知をもつ「心」ある者〉として振舞っているのであって、この「心」ある者としての在《あ》り方こそは、〈私〉であることにとって本質的なのだ。

学生　あの、テンション上がっているときになんですが、それって当たり前のことじゃないですか。そこらにいる普通のひとをつかまえて訊《き》いてみれば、まあそうだろうねと、だいたいは同意してくれそうな。

教師　だから俗衆《ぞくしゅう》は度《ど》しがたいんだ！　肝心なのは、結論であるよりも探究であり議論だと言って聴かせたはずだろうが。

学生　そう言えば、そうでした！

教師　忠告しておくが、いまの結論を君が本当に納得し引き受けて生きることができるところまでいかないならば、君は哲学したことにはならないんだよ。

学生　ううん……途《みち》ははるかなり、ですか。

教師　自明だよ！

［補註］つまり、言明を一般的に「SはPである」（「S」は主語、「P」は述語）と表現すれば、その言明が誤りになる可能性には三つがあるのである。第一に、「S」による指示が失敗する場合（たとえば、本来指示するはずの対象とは異なる対象を指示してしまう場合）。指示が成功したとしても、第二に、「P」が、正しく指示された対象に適合しない場合（たとえば、無知や不注意から適合しない述語を使用してしまう

場合）。以上二つの誤りがない場合でも、第三に、「S」によって正しく指示された対象と、「P」が適合する対象とが同一であると誤って認めてしまう場合（同定の誤り）。本文該当箇所で言われているのは、「S」が「私」の場合には、この第三の誤りはありえないということである。

［付記］本対話は、シドニー・シューメイカーの論文「自己指示と自己認知」に関して筆者がかつて発表した論文（拙著『超越論的自我論の系譜』晃洋書房〔二〇〇九年〕の第四章に「自己知の根源性について」の題で収録）の内容の一部を示すものです。さらなる内容やシューメイカーについて知りたい方は、当該論文をご参照ください。

2

〈自分〉とは誰のことか

板橋勇仁

はじめに

自分のことは自分が一番よくわかる——そう考えることもできる。しかし他方で、自分でも自分のことがよくわからない——そうした場面にもよく遭遇する。それどころか、自分はこういう人間だ、と確信を持って言える人はむしろ少ないかもしれない。自分のことが一番よくわからない——それはあながち間違いではないだろう。

考えてみれば、自分はこういう自分になりたいと選択して生まれてきたわけではない。今の自分を気に入っている人も、気に入ってない人もいるだろう。しかし、どちらにせよ、この自分になる前に、つまり生まれる前に、こういう自分になりたいと注文を付けたわけではない。どうしてか、こうした時代のこうした場所に生まれ、こうした性格を持って、自分は、現に居る。それがなぜなのかは知らないままに、現にこの自分を生きている、あるいはこの自分をあてがわれている。そうである以上、自分のことを逐一わかることは、もともと無理なことであるとも言える。それでは、「自分とは誰なのか」。私たちは、自分のことがわからないままに生きるしかないのだろうか。

しかし、角度を変えて考えてみれば、状況は少し違ってくるように思われる。TVの映像や新聞の記事、あるいは、ある日の友人の話や誰かの書いた本、インターネット上のブログ。私たちはそうしたものを見て、自分もそれをやってみよう、それに参加してみよう、と思うことがある。そうした時、私たちは、自分とは誰なのかについて、予感めいたものを思いついているのかもしれない。言い換えれば、これは自分がやることだ、自分でなければやれないことだ、と考えているのかもしれない。

もちろん、多くの場合は、そのような大げさなことを念頭に置いて、何かに参加しているわけではない。楽しそうだからやってみよう、というぐらいかもしれない。それでも、別に自分でなくても誰でもやれそうなことだという思いが強くなってきたら、きっと早晩飽きてしまうだろう。

ふとしたきっかけで何かをやり始めるとき、ネット上で「つぶやく」のでも、友達と何かをやり始めるのでも、さらにはいろんな人に呼びかけて何かのアクションを起こすのでも、他でもないこの自分が参加することの意味が特段感じられないのであれば、楽しみは失《う》せてしまう。あるいは惰性で続けることはあるかもしれないが、虚しさをぬぐい去ることは難しいだろう。これは自分こそがやることだ、という思いは、楽しみや、やりがいをもたらしてくれる。そして、〈この自分〉こそがやることだ、という思いは、自分とは、これをやることのできる、これをやることに相応《ふさわ》しい人間なのだ、ということに気づかせてくれる。そのように筆者は考える。

つまり、「自分とは誰か」を知ることとは、他の人ではない〈この自分〉とは誰かを知ることだ。それでは、ここで言う〈この自分〉とは、誰のことなのか。

このときに重要なのは、「自分とは誰のことなのか」について気づくきっかけは、日常のごく些細な出来事のうちにあるということである。以下では、このことの理由を書きながら、自分とは誰のことなのか、そしてその答えに一人ひとりが近づくためには、何が重要であるのかについて考えていきたい。

〈この〉自分

「これをやってみよう」と何らかの試みやアクションを起こすに至るそのきっかけは、日常の些細《ささい》なふとした出来事の内にあることが多い。電車の吊り広告や雑誌、インターネット、文章やコミック、その中でふと目にした表現や写真であったりする。

ここで注目したいのは、たとえば写真であれば、こうしたきっかけとなるのは、他の誰とも異なった〈その〉人、〈その〉子、あるいは〈その〉家族が現れている写真ではないか、ということだ。つまり、他の誰とも異なったその〈個性〉が現れている写真ではないか、ということだ。これは文章の場合でも同じだろう。書き手のその人の息づかいが感じられる、その人の顔が見える文章が、何らかの試みや行動のきっかけとなるのではないか。現に、友人の言葉や知人の写真が、私たちに何らかの行動を起こす気にさせるだろう（手伝って一緒にそれをやろう、など……〉。〈この〉人が私を求めている、誘っている、何かを語りかけている、ということが、他でもない〈この〉自分がやらなくては、という思いをかきたてるからだ。

それでは、何らかの行動を起こすと言っても、それがより社会的な広がりを持ったものに向かう際には、どうだろうか。たとえば、募金やボランティアの場合ではどうだろうか。

今、私の前には一枚の写真がある。そこに映っているのは、「飢えたかわいそうなこども」でも、「アフリカの難民」でもない。ただ他の誰とも異なった〈この〉子の、あるいは〈この〉家族の、その〈個性〉が現れているように感じられる。この時、私は、日常にはからずも遭遇した、〈この〉地域の〈この〉家族、〈この〉人、に心を打たれ、想いを向けることになる。それぞれが〈この……〉であることに応じて、言い換えれば、それぞれが他のものと違うその〈個〉であることに応じて、やはり私も、他に代わりのきかないこの〈個〉として向き合うことになる。だからこそ、他の誰かに任せるのではなしに、この〈自分〉が何かをしたいのだ。以下のように言ってもいい。〈個〉に出逢った時、こちらもまた

〈個〉として呼び出される、と。

逆に言えば、私が〈個〉としてではなく、「日本人」として自分を理解している時、相手もまた「アフリカ大陸の人」としてしか見えて来ない。それは、アフリカのそれぞれの地域に生じている問題やその背景を一般化し、ステレオ・タイプ化することを意味するだろう。そこでは、「アフリカ」の「貧困問題」、あるいは「ルワンダ人」の「経済問題」とか「民族問題」とかいった観点からのみ問題が扱われることになる。

そうすると何が起こるだろうか。この時には、自分が（仲間と）何らかの試みやアクションを起こしたとしても、それは個々の特殊事情を無視した実効性のない対処になってしまうだろう。たとえば、金銭をただ送りつけて事足れりとしてしまったり、相手のニーズに沿っていないような、あるいは使いこなせる機会や人のいないような、最新鋭の機械を無駄に先方に送りつけて満足してしまうようなことになりかねない。それは結局、相手の〈個〉を無視した、画一的で機械的な対処となる。そして、援助という名の下に、援助する私たちの側を高みに置いた、お仕着せがましい「施《ほどこ》し」を、悪い意味で増産することになるだろう。それが経済的にも精神的にも、援助される側に悪影響をもたらすことは、過去の歴史も教えている。すでに述べたように、そのことの根本には、自分が、〈個〉として、つまり〈この〉自分として、自分を理解できていないということがあるのだ。

〈個〉と〈個〉との出逢いに根ざして

もちろん、問題の解決に取り組むためには、しばしば皆が協力することが必要である。社会全体として見れば、グループや団体組織による活動なくしては解決できない問題の方がむしろ多いだろう。そこでは私は、個人としてではなく、組織の一員として、団体としての行動を取ることになる。たとえばアフリカのスーダンやケニアにある問題であっても、その背景にはアフリカが共有している問題があり、人類全体が抱えている問題がある。対処するためには、個々の特殊事情にだけ目を向けるのではなく、そうした一般的に共有される問題にまで目を向けなければならない。

この場合には、たしかに私の行為は、〈個〉と〈個〉との出逢いの関係を大きく超えることにはなる。とはいえ、ここでも、あたかもふと目にした〈この〉子の写真に心を奪われたように、〈この〉子、〈この〉家族、〈この〉人の〈個〉に遭遇したことが忘れられてはならないだろう。つまり、肝心なことは、私はこの〈個〉に向けて行為を行っているという実感が維持されているかどうか、ということだ。

〈個〉との出逢いという根っこを失うことは、問題に取り組む自分の〈個〉を失うことでもある。相手を一般化することは、相手に対している自分自身を一般化することでもある。それは、団体組織の（あるいは時にはそれらが一致協同する運動の）単なる一員としてしか自分を実感できなくなるということである。それでは自分の行動の意味は喪失されてしまう。すでに書いたように、やるのは自分でなくてもよい、というのであれば、わざわざ〈この〉自分がやる必要もない。これを行うのは自分でなければいけない、自分はこれを行うことが相応しい人間なのだ、という手応えがなくなると、自分はどんな人間であり「誰なのか」、それを見失ってしまうだろう。

「あなたの行為は、先進国の国民が、自らの立場に安住しつつ行う偽善的な行為にすぎない」。たとえば、こうした批判が時折聞かれる。しかし、こうした批判は、抑圧者と被抑圧者という一般化された対立に立ったものではないか。その意味でこうした批判はそもそも間違っているのではないか。それだけではない。こうした批判は、さまざまな窮状に関わろうとする力を私から奪うものであり、その意味で危険なものだ。

〈個〉の出逢いの実感

ここで、水俣病の政治社会学などを展開する栗原彬の考えを参考にしたい。栗原は、『「存在の現れ」の政治』（以文社）という本の中で、私たちに求められる政治（あるいは社会活動）として、「聞こえない他者の声を現すこと」があるという。それは、「小さくてか細い声を増殖する、媒介する」ということだ。そしてその上で、「それが代弁や代理、代行にならないで、自分が他者の声で変わっていく、どのようにして変わったかということの報告を含む」かどうかが大事な問題であるとしている（同書、50頁）。

栗原のいう「聞こえない他者の声」とは、社会の中でなかなか目が向けられず、省みられないままに困窮の中にある人の想いのことを指す。そして、そうした他者の声についての「代弁や代理、代行にならない」というのは、相手の存在を何らかの意味で「代理・代弁・代行」できるとみなさない、ということである。もしも相手の存在を「代理・代弁・代行」できるとみなしたら、それは、相手が他の何者も代わることのできない〈個〉であることを実質的には否定することになる。たとえ善意にせよ、一旦、他者を「代理＝代行」する可能性が肯定されるなら、複数の他者を代理ないし代表することで、この他者たちをあるイメージ（たとえば「〜民族」）の内にまとめてカテゴライズするような一般化、言い換えればステレオ・タイプ化が起こるだろう。

そこで栗原は、それを避けながらも、「聞こえない他者の声」を聴き取り、表に現すには、「自分が他者の声で変わっていく、どのようにして変わったかということ」を表現していくことが重要ではないか、と述べているのである。

栗原の言葉を受け取りながら、筆者なりにこう考えたい。多くの人や団体組織を介して実現する、他者へのそうした行動においても、重要なのは、自分というこの〈個〉に生じる変化についての実感を持ち続けることである、と。

他者との関わりの中では、驚きもあれば発見もあるだろう。新たなことを幾つも学ぶだろう。代理・代行の有無が問題なのではない。他者との関わりの中で、〈この〉自分はどのように変わってきたのか、そのことを見つめ続けることが大事なのではないか。それは、他の誰かに任せるのではなしに、この〈自分〉こそが行動するのだ、という思いを深めてくれるものだからだ。そしてそうである限り、我々の行動は、〈この〉自分による、〈この〉あなたに向けたものであり続けることができるのではないか。こうして〈個〉と〈個〉との出逢いに根ざすことで、私は「自分とは誰のことなのか」をより深く実感していくことができるのだ。

こうしてみると、一般化や代理＝代行それ自体に問題があるわけではないことがわかる。〈個〉と〈個〉との出逢いの実感を保持した一般化や代理＝代行と、そうした実感が失われ、単にステレオ・タイプ化を生むのみの一般化や代理＝代行と、その二種類があることがわかる。

しかし、たとえ、私の行動において、当初は〈個〉と〈個〉との出逢いの実感が保たれていたとしても、簡単に問題が改善されない現実に直面する中で、もがき苦しみ、ついには自分の行動の理由や動機が疑問に思え、わからなくなるという事態も生じるかもしれない。そのことを斥《しりぞ》けるためには、私の生活の中の特定の行動においてだけでなく、私の日常の生活それ全体において〈個〉との出逢いの実感が保たれることが実は必要となる。このことを以下で考えてみよう。

日常における〈個〉の出逢い

少し極端な例になるが、死に至りかねない大きな病を抱えている人と出逢った時について、あるいはそうした人とともに暮らす時について、考えてみたらどうだろう。そこでは、私がその人とともに存在している時間、一緒に生きている時間が、とても貴重なものに思えてくるだろう。それは、一緒に生きているのが〈この〉人と〈この〉自分だということが、強く実感される場面でもある。その時、そもそも〈個〉としての〈この〉自分が現にここで生きているという事実が、決して当たり前のことではなく、貴重なことであること、とても大切でいとおしいものであることが実感されてくる。特定の行動においてだけでなく、そもそも自分の日常の生活全般に、他の誰でもない、現に〈この〉自分が生きているのだという実感が浸透する。

これはもちろん非日常的な事例ではある。しかし、ある意味では、ごく普通の日常のことでもある。誰もがいつかは死に別れるのであるし、死によってではなくても、〈この〉あなたともう二度と会えないかも知れないということは、いずれの状況においても言えることなのである。そしてそのことがクローズアップされてくる時、日常の生活全般において、個との出逢いの実感が保たれるだろう。

また、何かを飲み、食べるといったごく日常的なことにおいても、〈この〉自分の実感は現れる。ともすれば現代社会では、特に緊急の状況ではない場合でも、自分は健康のために毎日何ccの水を摂取しなければならない、あるいは何々の天然水でなければならない、などということに躍起になっている人も居る（「水」に限らず、健康食品や健康法全般にそうしたことが言える）。だが、何ccの水、何々の天然水、ということを色々と考える前に、そもそも、今飲んでいる水に現に〈この〉自分が、〈個〉としてのこの身で、美味しさを感じているのかどうかこそ、大切なことではないか。こうして水の美味しさを感じることは、他には代え難い「水」というものの持つ有り難《あがた》さを〈この〉身で実感することでもある。この時、現に〈この〉自分が生きていることの現実感もひしひしと湧いてくるだろう。

こうしてみれば、今まで見てきたような、〈この〉自分と他の〈個〉との出逢いは、実は、自分と他の人間との出逢いには限らないと言えよう。日本の哲学者西田幾多郎が、「物来《きた》って我を照らす」と言っているように、〈この〉物との出逢いが、〈この〉自分についての現実感をもたらすことがある。つまり、〈この〉水と〈この〉自分との間にも、〈個〉と〈個〉との出逢いがある。しかも、こうして〈この〉自分の現実感が生じることによって、日々の水にも不足するような状況下にある人が、単に「大変な状況にある人」ではなく、〈この〉自分こそが行動を向けたい〈この〉人となるのだ。

日常を生きる〈この〉自分

以上で見たように、特定の行動においてではなく、むしろ日常生活の全般において〈この〉自分に生じる実感こそ、つまり、現に〈この〉自分が生きているという感覚こそ、苦境にあっても一般化を斥ける力になる。そして、苦しい時、やる気を失いそうになる時でもなお〈個〉としての〈この〉自分であるための、その最も基礎的で、最も強靱《きょうじん》な力になるだろう。それは自分の日常生活のありよう全体の問題である。日常の「生活」こそが、〈この〉自分の最も大切な生命《いのち》の在りかであろう。あたかも「生活」は英語に訳すとlife、すなわち「いのち」でもあるように。

この〈生活＝いのち〉の次元に根ざすことのないものは、どんなに美しく、また正義の名の下に語られても、やはり従うべきものではないだろう。たとえば〈この〉自分の身体の観察と切り離された自然食主義は、実は汚れのない優良で健康な身体という、極度に一般化され、ステレオ・タイプ化された人間像に基づいている。

ドイツにおけるナチスの優生政策は、人間の個性を踏みにじるものだったが、ナチスの政策の中に自然食奨励があったという事実は、象徴的である。あるいは、子どもの個性を顧慮せずに注がれる、教育への親の愛情・熱情なども、やはり一般化されステレオ・タイプ化された生き方を念頭に置いている。その中で育つ子どもが、さしあたっては縁遠い、遠く離れた場所に暮らす〈この〉子、〈この〉家族を見ても、実感が湧かないのも当然のことかもしれない。

もしも私が〈個〉として自分を見つめることができないなら、言い換えれば、私が自分自身を常に一般的な人間像と重ねてしか理解できないなら、その時、私の前に現れる〈この〉子、〈この〉家族が、困っている子や苦しんでいる家族の〈一例〉にしか見えないことが多いにありうる。なぜ〈この〉自分がこうした子どもや家族に対して何かしなければならないのか。それには消極的な答えしか見つからないだろう。それでは、自分は誰なのかについての実感を持つことは難しいだろう。

もっと身近な例を挙げてみよう。なぜそこまでして、友達のために何かしてあげなければいけないのだろうか？　この時、〈この〉友達に〈この〉自分は何ができるだろうか、という問いが浮かばない限り、「本当は友達のためにわざわざ何かするのはいやなのだけれど……」という答えが浮かんできてしまうのではないか。

あるいは、そもそも人間は人に優しくするものだ、それが善い行為なのだ、だからそれを行うのだ、と考えることもできるだろう。しかしそれでは、やはり自分を一般的な人間像に重ねて理解しているだけだ。そうなると、なぜ他ならぬ〈この〉自分がそれをしなければならないのか、もっと他に立派にやれる人もいるのではないか、自分はたいしたことはどうせできないし……と感じてしまうのも、当然だ。この場合も、自分とは誰なのかについて答えを見つけることは難しいだろう。

おわりに

今まで考えてきたことから、次のように言うことができる。

まず、私は他の〈個〉と出逢うことによってのみ、いわばその〈個〉に呼び出されることによってのみ、一般化を脱け出て、〈個〉として、つまり、〈この〉自分として、生きることができる。

そして、〈この〉自分として生きるということの実感は、特別な時にだけではなく、日常の生活全般においても生じうる。さまざまな人々との日々の触れ合いは、そのいずれもが、もしかするともう二度と逢えなくなるかもしれない人々との出逢いである。よく考えてみれば、もう一度その人と逢えるという保証はどこにもない。その意味で、すでに見てきたように、日常の生活には、〈この〉あなたと〈この〉自分との出逢いが満ちあふれている。

他には代え難いこの「水」の有り難さを〈この〉身で実感する例も取り上げた。

この例の場合、〈この〉水との出逢いはまた、〈この〉自分が生きていることとの実感を与えてくれるものだった。そして、〈この〉自分と他の〈個〉との出逢いは、自分と他の人との出逢いに限らないものだった。〈この〉自分と〈この〉水との間にも、〈個〉と〈個〉との出逢いがある。その意味で、〈この〉自分と〈この〉水との間にも、〈個〉と〈個〉との出逢いがある。その意味で、日常の生活そのものが、いつでも、他の〈個〉と出逢いながら〈この〉自分として生きる、その現場になっていると言える。

もちろん、人間である私にとって、〈この〉自分が生きていることとの実感は、人間である〈この〉あなたとの出逢いにおいて、もっとも強まるであろう。とはいえ、私は〈この〉自分が生きることとの実感を、人間は当然のこと、あらゆる事物に対しても、日々の生活のいついかなる場所でも、持つことができる。

このように考えてみた時、自分とは誰かを知るために、結局、何が重要だということとなるだろうか――。「本当の自分」探しなどといったものは必要ない。自分の個性を見つけ出してそれを輝かせようと努力する必要もない。もっとごく日常の些細なこと、いつも過ごしている当たり前の事実だけで十分なのだ。

日常はいつも〈この〉出逢いで成り立っている。そしてそれこそが、自分が

〈この〉自分になるために不可欠の出来事である。そもそも自分が〈この〉自分として生きていくということは、特別なことをするのではなく、〈個〉と〈個〉との出逢いの日常を大切に生きるということなのだ。〈この〉人に向けて何らかのアクションを起こすのも、あくまでもそうした日常の一環であり表現なのだ。

しかし、私たちは、ともすれば日常生活における、〈この〉自分と〈この〉ものとの、あるいはとりわけ〈この〉自分と〈この〉あなたとの出逢いを、〈個〉の出逢いの実感なしに、単に一般化しステレオ・タイプ化してしまう。すでに見たように、〈この〉あなたの声を何とか代弁したいと思うことさえ、すでに〈この〉出逢いをステレオ・タイプ化することを導く危険に満ちている。むしろ〈この〉あなたとの出逢いの中で自分が変わっていくことが、つまり、自分に現に起こっている〈この〉変化を見つめることが、なによりも重要なことなのだ。それは、他の誰かではない、この〈自分〉が、〈この〉あなたに行動するのだ、という思いを深めてくれるものだから。

「自分はどのような人間なのか」「自分とは誰のことなのか」。この問いには、いまやこう答えることができるだろう。〈個〉と〈個〉との出逢いの中に居る自分、

つまり、〈この〉あなたとの出逢いの中に居る〈この〉自分、それが自分なのだ、
と。

3

われの三つの位相

金井淑子

はじめに

さまざまなわれを束ねてわれはあるわれのひとりが草笛を吹く

（佐竹游歌集『草笛*1』より）

直接には存じ上げない著者から恵贈を受けた歌集の中に見つけた歌である。なぜか鮮烈な印象を残した。哲学が主題としてきた人間の自由や主体をめぐる議論――自我や自立や自己決定などの問題群――に関わる論題がなんともさらりと平仮名書きのたった一行の言葉で表現されている。そう思ったのである。近年、ときどきそういう経験をする。むしろ哲学の外部からの、詩や短歌などの非概念的表現のなかに、「私自身の哲学への問い」に深くインスパイアされる言葉を見つけるという経験である。

私の哲学への関心は、哲学的問いの立ち上ってゆく場とその表現手法にある。哲学の固い言葉の世界、概念知の世界に息苦しさを感じてそこからの出口を模索する問題意識の中で、むしろ哲学の外部からの、詩や短歌などの非概念的表現のなかにひきつけられるものを感じてきたのである。

私の考えたい「哲学的問い」は、どうもこれまでの「男仕立ての哲学」の土俵には納まりにくい。はみ出してしまうものがある。哲学研究における私の居場所を作るためには、「女仕立ての哲学」（「女の哲学」「フェミニンの哲学」、なんと名づけてもよいのだが）を考えていかなければならないのではないか。そう気付きそういう関心で見渡せば、哲学の中にもいくつか新しい動きは始まっていた。

その一つは「臨床哲学」の登場であった[*2]。「ベッド・サイドの哲学」とも言われる臨床哲学は、問題の現場に立ち当事者に寄り添いその「声を聴くこと」を通して「哲学の課題」を編み直していく取り組みをしている。これまでの哲学とはまったく違った土俵に哲学の場を作り、問題の現場・さまざまな身体の経験の現場から哲学することの意味を書き換えようという新たな「哲学の使い方[*3]」（鷲田清一）の提案なのである。上から概念の知で世界を覆いつくすよう

＊1　佐竹游歌集『草笛』（現代短歌社、2014 年）
＊2　「臨床哲学」の「臨床」には、医療現場も含む広い意味でのベッド・サイド、つまり社会で問題が生じている現場、という意味が込められている。
＊3　鷲田清一『哲学の使い方』（岩波新書、2014年）

な哲学ではなく、人間の生きている現場からの臨床知から哲学の問いを立て直すというこの動きに、「女仕立ての哲学」はどう接続できるのか。

他方で、臨床知を言葉につなぐ場面では、私たちの世界を構成する言説体制そのものの男性中心主義の壁をどう打ち破っていくか、臨床知からの哲学をいかにして立ち上げていくかという問題もある。とりわけ女性の生きる経験知の世界から「ことば」をどう立ち上げていくかという関心からは、フランスを中心とする「差異派フェミニスト」（ジュリア・クリカテヴァ、リュス・イリガライ、エレーヌ・シクスー）たちからの、女性の身体性を介した表現への問題意識が「エクリチュール・フェミニン*4」を登場させている。そうした動きの中にも、「女仕立ての哲学」の問題意識を接続させる可能性を考えようとしてきた。

このような関心の中で出会ったのが冒頭の歌の「さまざまなわれを束ねてわれはあるわれのひとりが草笛を吹く」であった。臨床哲学の現場を「声の現場」とすれば、短歌や詩的表現のもつ身体性を介した表現の場面は、女性の経験の「臨床の声の場」なのではないか。そのようないくつかの問題意識が、私の中に次第に輪郭を帯びて立ち上がっていたのである。

本稿で試みたいのは、この歌について、作品の中に顔（声）を出す作者のさまざまな〈われ〉をつないでみることによって、「さまざまなわれを束ねたわれ」がどのような主体として立ち上ってくるのか、「不在化された女性主体の歴史」を内破することばの力について、ある種のフェミニズム臨床哲学的な関心からの作品批評ともいうべきことをしてみたいのである。論題の主眼は、『草笛』の中でいわれる「われ」と、哲学の場面でのデカルトに由来するコギト的主体としての「我」の間を考え、さらに「哲学のミソジニー（女ぎらい）」問題につなぐことにある。

われを束ねてわれはある

「さまざまなわれを束ねてわれはある」と、それに続く「われのひとりが草笛を吹く」の二つのフレーズからなるこの歌の、「われ」に着目すると、そこには「われ」の以下のような三つの位相が取り出される。まずこの三つの位相の「わ

4　エクリチュール・フェミニンについては、エレーヌ・シクスー、松本伊瑳子訳『メデューサの笑い』（紀伊国屋書店、1993年）参照。本書は「女性的エクリチュール」がもたらす新しいテクスト世界を展望し、ファロス・ロゴス中心体制の言語世界において沈黙を強いられている女性に対して「書きなさい」と後押しする、啓蒙的、ユートピア的マニフェスト。

れ」が、人文知の世界の「哲学」や「社会学」また「文学」の、それぞれの言語の使い方、表現の違いはあれども、「われ」の認識に深くかかわっているということを整理し確認しておくことから始めたい。

第一に「さまざまなわれ」を束ねたところの「われ」、これは「さまざまなわれ」のメタ（上位）レベルでの「われ」である。哲学で言う主体や自己・自我の位置にある「我」であり、自立や自己決定する自律的理性的主体としての我であろう。ここでの「我」への問いは多くの場合、「人間は理性的存在である」とする、「人間」という一般的抽象的主体を立てての議論である。哲学は「人間とは何か？」という自分理解から「世界とはどのような成り立ちをしているか？」という世界認識まで、すべてを厳密な学としての哲学的概念の言葉で基礎づけようとするもので、「哲学的」認識の主戦場はここにあるといってよいだろう。

第二は「さまざまなわれ」の「われ」、すなわち、一人の人間が持っているいろいろな顔（この場合は主として他者関係や社会的な関係の自己の位置）である。性別や年齢、職業の有無、婚姻関係など、人間が人間世界を構成する部類・分類・ジャンルのカテゴリーで規定され分断されさらに関係させられてもいるわれである。社会的人間関係の場面で人に自分を名乗る（自己紹介する）ときの顔の位相であり、社会的関係性の中のわれと位置づけられよう。「社会学的」議論のカテゴリー・ポリティックスの分析が関係してくる領域であろう。

第三に「さまざまなわれ」が、生身の存在している具体的なわれのそのときどきの顔や表情・感情・欲望をもつ「われのひとり」として立ち現われる位相、この歌では「草笛を吹くわれ」である。一人の人間の内面のさまざまな表情や感情を伴ったわれの内に秘めた意思や思いが「声の場」に表出する位相で、作品に表れ出る作者の顔というべき位相でもあろう。「文学」的表象が関わってくる領域であろうか。

おそらく二一世紀という現在において人が生きる空間は、複雑に利害やアイデンティティが錯綜している。すなわちグローバル化する世界で、人種や民族、国籍や言語などさまざまなカテゴリーによる分断軸が一人の人間に交錯し、人間一般を普遍的に定義することの難しい空間を作っている。それゆえにときに他者理解においても「表象の暴力」や「名づけの暴力」の発動*5が免れがたい場面で、人が「私とは誰か？」の問いに向き合おうとすれば、その問いには上記すべての

＊5　例えばアラブ文学研究者の岡真理は、「第三世界の女性」といった名づけに、先進国のフェミニストによる他者表象の暴力を指摘している。岡真理『彼女の正しい名前とは何か―第三世界フェミニズムの思想』青土社、2000 年

位相が関係してくるはずである。哲学的まなざしのみならず社会学や文学からの私への問いが不可避となり、その複眼的なまなざしの先に垣間見えるところに初めて、「私」という全体的な自己像は立ち現われてくるのではないか。

しかしどうであろうか。これまで哲学の理論的営為は、ほとんど第二のあるいは第三の「われ」へのまなざしについてはそれを不在化させたままだったのではないか。「我思うゆえに我あり」の命題をもって近代哲学の登場を告げたデカルトの立てたコギト的主体像であるが、その自己理解・世界理解は、「我・吾」という単一的な主体の自己同一性の世界での議論の中に留まるものではなかったか。第二の、第三の位相の「われ」への関心はあらかじめ排除されてきた。その意味でこの歌は、そうしたコギト的主体像の理性の言葉・概念に対して、人間存在の身体や感情をくぐらせたことばを立てようとするひとつの挑戦として読むこともできる。カントやヘーゲルさらにハイデガーやフッサールたち、哲学の巨匠たちが築きあげてきた「厳密な学としての哲学」の概念構築と主体像に対して、短歌や詩的表現のもつ身体性を介した表現の場面は、女性の経験の臨床の声の場となっていることの一つの証左となるのではないか。

臨床哲学、詩的言語、エクリチュール・フェミニンそして女歌としての短歌をつなぐ中に、哲学の固い概念知の帝国に絡めとられて息絶え絶えの状態にあった私が、そこからわが身をほどいていく方向――ここ数年来「フェミニンの哲学」の方法への問いを重ねて考えてきたこと――の手掛かりをつかめそうな、そのような予感的な問題意識が私の中に次第に輪郭を帯びて立ち上がっていたのである。

ポストモダン哲学のシーンでは、神亡き後の世界の、さらに近代的主体(Subject)概念の死の後の世界に、『主体の後に誰が来るのか』(ジャン=リュック・ナンシー、港道隆他訳、現代企画社一九九六)の問いを立て、そこに「エージェンシー[*6]」の概念を立ててする議論がある。この書はその書名どおり、デカルト、カント、ヘーゲルの歴史を踏まえ、フッサールとハイデッガーの、さらにフロイトの問題系を厳密に論じながら、「主体」概念の行方を、フランスを中心とする現代思想の最前線にある二〇人の思想家が探る議論である。だが、このポストモダンの哲学議論などおそらくはまったく無縁の場所で、しかしその議論の本質をなんともさらりとひらがな言葉で鮮やかに言ってくれたのが、まさに「われはさまざまなわれを束ねたわれ」ではないか。ポストモダンの主体像を言い得てこれ

＊6　行為体、行為媒体、行為遂行体とも訳され、言語がそれを通じて語るプロセスそのものを指している。主体が語るのではなく、言語が主体を通じて語る媒体としてのエージェンシーである。

以上の表現があろうか。以下に少しく「われを束ねてわれはある」の解読を試みたい。

草笛を吹く「われのひとり」

とりあえずこのように「われ」の三つの位相を立ててみると、二つのフレーズのつながりの中に、いまポストモダンの哲学の場面で問題になっている「主体」をめぐる議論ともつながる視点が提示されているのではないかということを記した。現代哲学の場面で喧々諤々《けんけんがくがく》の議論となっている主題がひらがな書きでさらりと、「私」というのは、単一な「私」であるのではなく、いろんな〈私〉の束なのだと表現されている。いろんな〈私〉のひとりが今日はなぜかちょっと軽やかな気分に押されてか、周囲の視線も気にかけず草笛を吹いている。

そもそも口笛を吹くこと、とくに女性の身である著者が人目はばからず草笛を吹くというのは、大胆な行動ではあるだろう。しかしそんな〈私〉も「私」の中からは時に顔を出す。そんな〈私〉のいまを捉えておきたい。言葉に残しておきたい。身体の内から突き上げてくる感情に身を任せ、人目はばからず表現する。そうした〈われ〉を世間体や他者のまなざしを意識して無理におさえこもうとはしない。人間の自由の顕現する場や瞬間はこういう場面にもあるのではないのか。著者の中の、「私」の中のさまざまな〈私〉は、第三の位相の「われ」の日常の中で様々な表情を見せる。以下の歌にもうかがえよう。

夕星のとほく輝く土手のうへわが身をほどく風に吹かるる
生活の用をなし終へ身にひかりあつむるごとく窓の辺に寄る
夏期休暇期間終はりて図書館の地下の書棚に秋の気至る

日々の営みの中に垣間見える著者の折々の気分や状況、川辺を散策するその身に吹き渡る一瞬の風に身を預けるときの解放感。人は、生きるため生活するためのあわただしい日常の隙間にも、自分自身の時間・自分の感覚の空間をかき集めてでも作ろうとする。ヴァージニア・ウルフが作家としての「われ」の精神の自立領域のために「私自身の部屋」を求めたように、生活世界に近い空間を生きる女の人生の、表現への欲求を捨てきれない自己の内なる秘めた思いを持続させる女性の表現の、こうした営為の中にも、人間の生きることへの確かな意思をみることができる。自由や自立というのはこういった場面にも垣間見てとれる。
一方で、大学院で日本文学を研究し図書館に勤務する四〇歳前後の一人暮らし女性の〈われのひとり〉は、その身の非常勤ゆえの貧しさ、自らの先行きに対する不安もその表現に顔を出す。

シアワセと口に出して確認すひもじき思いせぬは幸せ
食ふための仕事は今日は休みなり身を空にして昼の月見る
何もせぬことも予定に組み入れてわが夏休み今日はじまれり
この五年正規雇用を願いつつ働き来しがついにかなはず

そうした著者のまなざしの先に、ときに「偉人・聖人」と世に広く讃えられる人物にも向けられる屈折した思いとその葛藤が次のような歌を生む。

食べをへし紙の容器と木の匙をバッグに蔵むぬぐひ清めて（マザー・テレサ）
人のため己《おのれ》が時を捧ぐるは尊きこととわが思えども
嫌悪感あらはにからだ捩《よ》ぢりたり受胎告知なされてマリア
（シモーヌ・マルティーニ「受胎告知＊7」）

そうなのか。ヨーロッパの美術館を歩けば至る所で出会う宗教画が描くマリア像、マリアの受胎告知の光と祝福に満ちたあのシーンを、「嫌悪感あらはにからだ捩りたり」と、マリア像をこのように描いた画家がいたのか。このように描かれることもあるのか。

「受胎告知」を描いたあまたの宗教画の中からあえてシモーネ・マルティーネの描いたマリア像を発見して歌に詠んだ著者のその思いの奥にあるものは何か？　前二首の、「人のため己が時を捧ぐるは尊きこととわが思えども」と、あろうことかあのマザー・テレサへの手放しの讃辞を口ごもる著者の、一瞬読むものを戸惑わせる気持ちの表明のその内面には何が渦巻いているのか？　著者の中の「さ

＊7　シモーネ・マルティーニ（Simone Martini, 1284年頃 - 1344年）はイタリア、ゴシック期の 画家。シモーネは、ナポリやアッシジでも制作し、1340年頃にはイタリアを離れて、当時教皇庁のあった南フランスのアヴィニオンで制作活動。『受胎告知』はシエナ大聖堂の聖アンサヌス礼拝堂の祭壇画として描かれた。大天使ガブリエルの口からマリアに向かって「恵まれた女よ、おめでとう、主があなたとともにおられます」と言う文字が金の背景に浮かびあがっている。

まざまなわれの声」「思い」から、私・私たちは、何を聴きとるべきなのか。この点は今少しこだわり問題にしたいところであり、次節で論及することになるが、以下の歌にもその思いの一端を読み取ることはできようか。

わが胸の底《そこひ》に燃ゆるなにものか喉へと切れ端のぼりてゆけり
「足跡《そくせき》を遺さむ」とわれ言い替ふる「高名になりたし」と言ふを恥づれば
順接の接続詞もて文章をつなぐがごとき生は拒みつ

著者の初めてのこの詠歌集に託された密やかな思いの深さが刺さってくるではないか。「わたしはここにいる」の切なる声、有名になりたいというのではない、私が生きたというあかしを自分で立てたいのだという声が。だから第三首目の言葉はなお迫るものがある。順接の接続詞でつなぐ人生なんて望んではいない。「でも、でも……」と、「しかし、しかし……」と、たえず自己否定を重ねていくような生き方こそが「求める生」であるのだ、と。

だが、もちろん、著者の中の〈われ〉は、自身の密やかな自己実現や自分の足跡を遺したいと思う〈われ〉だけであるのではない。著者の中のまた別の〈われ〉の社会的まなざしにおいては、3・11東日本大震災と放射能被爆をもたらした「フクシマの惨状」に深く思い馳せ、被災地に自ら赴き立ち、そこで無残な死を強いられた生きとし生けるものの、いのちへの深い鎮魂の思いが吐露される。

フクシマにいのち疎かにされゐるにすべなしわれは部屋なかあゆむ
苦しまぬ死などなけれど繋がれて飢ゑ死にするはもつともつらき
何の花供へば魂鎮まるや花やの冷えし床に立ちつつ
囲われて己《し》が糞尿に牛たちは臥すことも得ず殺処分待つ
（二〇一二年六月福島県双葉町富岡町）

手放せし牛の名壁に書きてあり、はなこ、きたふじ、ふくこ、うめやすふじ
（飯館村出身の高野きよのさんの仮設住宅）

かくも一人の人間の、われの束には、さまざまな思いや欲望のうごめきの顔・

表情・声がある。内面は複雑に錯綜している。しかしいずれのわれもわれである。だがじつはまだ、ここまでの「さまざまなわれ」では語られていない著者の「わたし」がある。短歌の表現にはまだ掬《すく》い切れていない「わたし」の顔である。言葉にすることをためらわせ、しかしそれを語らずして「われはわれではない」という切迫した思いの表現への欲求。それは、われのそのときどきの顔や表情・感情・欲望をもつ「われのひとり」として立ち現われる位相の中にある。「われ」であることの核心ともいうべき、ほかならぬ著者のセクシュアリティのアイデンティティの核心に触れる問題が、女性表現者の自らの身体・性にむけたまなざしから浮かび出る。

「沈黙の扉」を内破する声・ことば

著者は「レズビアン」という名をもつセクシュアル・マイノリティである。そのことが表現において持つ意味はどこにあるのか。あるいは表現へのとまどい・

ためらいの痕跡に何をみるのか。おそらくは前節で読み手をとまどわせた聖母マリアとマザー・テレサへの著者の屈折した内面に踏み込むことにも関わってくるであろう、著者のセクシュアリティの問題について以下に考えてみたい。

人は、外から己に向けられたカテゴライズ、「名ざし」や「名づけ」には敏感である。マイノリティであれば、それをそのまま受け入れられるかどうかは慎重であるだろう。ましてやセクシュアリティのこととなれば、なおさらである。著者が自らのセクシュアリティを詠う歌、ここにおいて、著者の「われ」の中の〈われ〉の、自己との周囲とのさらに自己の自己自身との折り合いのつけがたさが浮き彫りとなる。

同性愛揶揄して笑ふ席に居てわれはひとりを黙しつつをり
抹殺されしレズビアンその痕跡を追ひもとめつつ物語読む
レズビアンは迫害の歴史さえ持たず否持たされず歴史より消ゆ
レズビアンと名告げれば職を失うぞと或る物書きが忠告しくれき
欲情のきざす真昼間公園の芝生ゆがみてわれに迫り来《く》

「〈レズビアン〉、であること[*8]」、この自らのセクシュアリティに関わることを秘してしておくべきか。名乗るべきか。それを言えば、社会的孤立を招き職をも失うかもしれない不安の中で、しかしその名のスティグマ（汚名、落いん）をも引き受けて名乗らずにはおれない〈われ〉がいる。それに触れずして〈われ〉が〈われ〉ではあろうはずはない。己が中のもっとも秘めたることを解放したい、語りたい。それなくしては私が私であることはできない。

もし仮にここで、著者の中の「われ」の「一人のわれ」が自らのセクシュアリティのもっとも語りがたきことを秘したままであったとすれば、前節での「わが胸の底に燃ゆるなにものか喉へと切れ端のぼりてゆけり」以下の三首に託した著者の思いを、読者である私たちはもしかしたら読み間違うことになるかもしれない。受胎告知を受けたマリアの「嫌悪感あらわに身を捩ぢり」のこの歌に託した著者の真意を読み解くことも同様に難しくなる。

その存在まるごと歴史の闇に葬られてきたレズビアン、迫害の歴史さえ持たず持たされず歴史より消されてきたレズビアン、それは著者自身の姿である。その末裔に著者はいる。その著者だから、歴史におけるレズビアンの抹消がじつは受胎告知のマリアを讃歌する歴史と表裏一体の関係にあることを、重ね合わせて見ることができたのではないか。というのも、マリアの受胎告知図は、女性を産む性であることにおいて賛美するもの、女性の性を「生殖を持つ身体」に特化して意味づけ、「母性賛美」でその「身体性をまるごと母に規範化」してきた歴史をまさに象徴するものだからである。

　対するレズビアンの性は生殖につながることはない。それゆえにレズビアンの存在は、女性規範から完全に逸脱したあり方として歴史から抹消されてきたのである。レズビアンだけではない、中世社会においては、薬草の知識をもっていたり呪術を行えたりする女性の多くが、魔女裁判にかけられ磔《はりつけ》の刑に処せられてきた歴史がある。

　もちろん現在は、そのような魔女狩りの歴史や、さらに近代社会に至っても二〇世紀末までイギリスでは同性愛が法で禁止され、発覚すれば刑事罰や精神病院への収容の対象とされてきたといった状況は、さすがになくなりつつある*9。しかし、男性の同性愛者や男性から女性へのトランス・ジェンダーがメディアの

*8　この「〈レズビアン〉、であること」の表記は、レズビアニティについて「語る」ことを試み問題提起した掛札悠子の著書の『〈レズビアン〉、であること』（河出書房新社、1992年）による。

*9　今日のコンピーター技術開発の祖ともされるイギリスの数学者アラン・チューリング（1912−1957）が同性愛により告訴され屈辱的な矯正治療を強いられ自殺に追いやられた事実を思い起こされたい。2012年生誕100年祭にイギリス政府は同性愛で告訴したことを正式謝罪している。

世界などでかなり可視化されてきているにもかかわらず、女性のトランス・ジェンダーや女性の同性愛者の姿はほとんど見えてこないという現実は続いている。「レズビアン」という存在は依然として不可視化さるのは、なぜなのか。

本歌集に「跋文」を寄せる歌人の阿木津英は、女性の表現者の性愛の歌が、一九七〇年代以降のフェミニズム（女性解放）興隆の時期と重なる」こと、著者の性愛の歌にも「隠されたものとしての、抑圧されたものとしての己の存在を言語化することによって解放されたい、という衝動がある」ことに共感を表明する。「マイノリティの場所に置かれたものは、世間が向ける偏見や差別と闘うとともに、自らのうちに防衛的につくりあげてしまった縛りの感情とも闘わなければならない。内なる感情とも闘わなければならないのである。佐竹さん自身、こうして歌という形式に勇気をもって自らのセクシュアリティを言語化することによって、少しずつ変貌していったのではないか」と、著者が自らの「〈レズビアン〉、であること」の表明に至るまで、どれだけの内的葛藤とたたかったことかに思いをはせ、歌という形式が著者自らのセクシュアリティを言語化することを可能にしたのではないかということを指摘する。また、自らのうちに防衛的につくりあげてしまった縛りの感情、その「沈黙の扉」を内破する声・ことばのもつ力を指摘する。私が、女性の表現にとっての短歌という形式のもつ意味に着目し、短歌や詩的表現が、身体性を介した表現の場であり、女性の経験の「臨床の場」である可能性を見てきた。そこに潜む問題意識と重なることである。

おそらく「嫌悪感あらわに身を捩ぢり」のマリアの受胎告知画に出会った著者は、マリアの受胎告知賛美一色の宗教画の世界にも、全く別のマリア（マリアにとって我が身に起こった受胎はまったく意に反した屈辱以外の何ものでもない嫌悪感を意思表示する）を見ている画家の眼（マイノリティのまなざし）が在ることに背中を押されもしたであろう。「抹殺されてきたレズビアンの歴史」の証言者として、自らが名乗ることの意味を重ねたのであろう。

さらに、ここからが私にとっての課題としてである。短歌や詩的表現が、身体性を介した表現の場であり、女性の経験の「臨床の声の場」としての可能性を見てきた問題意識からさらに掘り下げるべき私自身の問題である。

私が、この著者の声をどう聴くか、何を聴きとるかである。何を発見するかなのである。歴史からも抹消されてきたレズビアンの不幸な歴史を知り得た、受胎告知に嫌悪感を表したマリア像もあるのだと、これまでよりは少しレズビアンというセクシュアル・マイノリティの理解が深まったかもしれない、といった次元の問題ではない。「他者の声」の場に立つということは、私自身の身体性に突き刺さる「問い」としてそこに何を聴きとるのかという問題である。

おわりに　哲学のミソジニー問題に引き継いで

このように問いを自分に立ててみて、ようやく私の中で私自身に問われていることの課題に気づくことになる。歴史におけるレズビアンの抹消がじつは受胎告知のマリアを讃歌する歴史と表裏一体の関係にあること、そしてそれが、文化の深層に内在するミソジニー（女性嫌悪）の問題と通底しているのだということが。「女性が生殖以外の力をもつことへの恐怖」の感情を支えているものの根深さこそ、女性規範・母性規範から外れる女性の排除というミソジニー問題の根源にあるものなのだということ、おそらくそれが、私自身が哲学の場にあって、哲学の固い言葉の世界・概念知の世界に息苦しさを感じて、そこからの出口を模索する問題意識と深く関わっているのだということに、いまさらながらではあるが、向き合うこととなるのである。

「私とは誰か？——「沈黙の扉」を内破する声・ことば」が、「哲学のミソジニー問題」に接続されるところで、レズビアンを不可視化・不在化させてきたミソジニーとホモフォビア（同性愛嫌悪）の歴史が「彼ら／彼女たちの問題」としてではなく、二一世紀のいまを生きる「私／私たちの問題」となる。

「男女共同参画社会推進」や「女性の輝く社会」が称揚され、その風がいまや学術の場面にも及び、哲学研究の世界にも届いている。

だがいま改めてレズビアンの抹消の声の中から手渡されたことばとともにミソジニーの問題を考える時、歴史の中に深く刻印されたミソジニーの根は深く、それを克服する取り組みは至難の課題であることにも気づかざるをえない。レズビアンの抹殺の歴史は、生殖規範から逸脱する存在の抹消であったのだが、それは哲学の世界が「女には哲学はできない」と女性を排除してきた形而上学二〇〇〇年の歴史、その哲学のミソジニー問題とまさに重なっているであろう。

ミソジニーは「女性嫌悪」「女性蔑視」さらに「女ぎらい」と訳され、「男性の女性に対するミソジニー」「男性のミソジニー」という意味であるが、しかし女性が自分の女性性（女性であること）に対して自己否定的な感情をもつ「女性のミソジニー」の意味でもミソジニーの言葉は使われる。このミソジニーの問題と向き合うことは、「男女共同参画社会推進」や「女性の輝く社会」の追い風に乗って女性研究者育成を推進するといったことにとどまらない、哲学という学問そのものへの根底からの問い返しが行われていることを意味するであろう。

現在でも「理性の働きは男に属するもの」「女は子宮で考える生き物」といった考え方が払拭されたわけではない。政治の世界の女性蔑視発言やヤジ発言を挙げればいい。女性議員に向けられる「子どもを産んでから言え」といったヤジ発言、これは「政治の世界は男の世界」、その世界に参入してきた女性に対する排除の感情を丸出しにしたもの、ミソジニーの感情はこのような形で潜在している。

マタニティ・ハラスメント、「マタハラ」という言葉がいま大きく浮上している。職場において妊娠や出産者に対して行われる嫌がらせを指す言葉として、男女雇用機会均等法違反とされたことから、にわかに社会的認知が進んでいるが、男まさにこのマタハラ問題にこそ、女性が生殖以外の力をもつことへの恐れの感情の根深さは露呈される。セクハラ問題然《しか》り、マタハラ問題然り、これらの問題は、労働環境の場面のミソジニー問題をあぶり出すものである。その克服には、もとより労働環境の法制度的な整備を不可避とするが、しかしそうした制度的取り組みにとどまらない、より深いところでの、セクハラ文化やマタハラ文化を内側から内破する声・ことばのちからこそが問われている。

本稿初めに取り上げた「われ」という主体は、性と身体をもつ、声をもつ、生身の主体のことばから立ち上る主体であった。哲学研究者が哲学するのではない。この歌集の著者のような、自らの内面の「声」との向き合いから、自らの表現への欲求の核にある「思い」の所在に至りつく。「自分とは何か・誰か」の認識にたどり着く。こうした表現の営為の中にこそ、「哲学すること」のもっとも深い意味をみるべきではないか。私が私であることへの問い、その哲学と短歌の表現様式は違っても、表現の「熱源」は、同根なのだ。

4

意味世界を生きる

松永澄夫

自己というものはどういう構造をしているのか。その全体像の骨子を描くことが望ましいが、この短い論稿では叶わない。そこで、私たちそれぞれが「自分のことを自己と捉える」のは、私たちが物的環境を生きる動物でありながら、同時に意味世界を生きる存在であるからこそだ、という一点に重点を置いて論じたい。

その意味世界とはどのようなものか。体も物的環境も含めた物的世界は時の推移とともに変化してゆき、在《あ》るとはその都度《つど》の現在に在るということである。一方、意味世界は時の縛りから抜け出すものとして、人の想うことによってつくられた世界である。人は過去を想い出し、未来に想いを馳せる。そうして、そのような想いは人の現在を満たし、かつ人を或る行動へと動機づけるなどの重要な働きをする。また、特定の過去や未来とも無関係で一般性を帯びた意味事象もあり、同様に効力をもつ。そもそも時の縛りから抜け出るとは具体的な特定の存在を離れた一般性の次元へと向かうことなのである。そうして、ひとたび一般性をもった意味世界に馴染むと、私たちは物的世界さえ意味世界を経由して捉えがちともなる。分類すること、言葉を用いることがどういうことかを考えれば、このことに納得がゆくだろう。

「自己」とは人が自分を一つの意味事象として捉えたときに象《かたど》られるものである。

名乗る

自己紹介する場面に人は何度出くわすだろう。自己紹介は、人Aが自分がどういう者か了解している内容があること、それを言葉で言い表せることを前提している。また、言葉で述べているのはA自身についてなのだということが、言葉を聞く人B（複数のこともある）に分かることも前提している。

この後者の前提は、「私」という特殊な語の働きによって満たされていると人は考えたくなるかも知れない。というのも、多くの場合、人は「私は……」と語りだし、その「……」と説明される「私」とは「言っている人」自身のことだと理解されるからである。

けれども、この語のことは措《お》こう。AとBとが対面している場合、あるいは選挙で候補者がテレビで政策を述べるに当たってまずは自己紹介をする場合のように、喋っているAの顔をBが見ることができる場合、「私は……」という人称を口にすること抜きで「宮本です」というふうに始めても、「宮本です」と言っている人が宮本さんだということは、状況で分かる。そうして人は、以降に語られる内容はこの人のことだと思って聞く。（本人による自己紹介ではなく、誰かが或る人を紹介する場面では「こちらは……」などのやはり特殊な言葉の出番があるが、この語抜きで済ますこともできる。）

ここで、人を特定するとは体を特定することだ、という当たり前のことを確認しよう。この特定の機制は他の多くの物的諸事象の特定と異なるところはない。（ちなみに、物的事象ではないもの、たとえば立正大学というものを特定する仕方はどういうものだろうか*1。）本人自身が、自己をまずはどういう体であるか、ということにおいて捉える。体としての捉えには、男か女か、年齢はどのくらいか、走るのが速いか、病気がちか、なども含まれる。しかるに、俊足か病弱かはともかく、右記のあれこれの事柄は見ればおおよそは分かる。体は他の人から見られるものなのである。もちろん私たちは衣服を身につけた状態で見られるのが普通なのだが[*2]。

そこで対面しての自己紹介では、見れば分かることはわざわざ言いはしない。では、何を言えば自己紹介になるのか。出身地、趣味、性格などさまざまなことを人は語る。これらは体を見ても分からない。これらを言うことは、人は人をさまざまな意味連関のもとで理解しようとするのだ、ということに根ざしている。だが今は、まず名について考えよう。

名刺交換は一種の自己紹介だが、（ペンネームや芸名なども含めた）名前が最も重要で、名無しの名刺というものはない。クラス替えがあったばかりの高校生が新たな仲間に自己紹介をするときにも、名前を言わないことには始まらない。しかし名前で、もしかして沖縄出身かな、などと推測できることは別にして、名前は人がどういう人物かを語らない。名前は一貫して同じ人を指すためのもので、人を特定するのが体であってみれば、特定の体（特に普通は顔[*3]）と結びつくのでなければならない。

けれども、このようなことだけが大事だというのなら、他のさまざまなものの名の役割と変わらない。人の名で重要なのは、その名を、名をもつ人が自ら名乗

＊1　松永澄夫『言葉の力』東信堂、2005 年、第 2 章 A 節を参照。
＊2　人から見られることにおいてどのようなことが生じるか、考えてみよう。
＊3　なぜ「顔」なのだろう。

るということである。「私は……」と言うことができる人が、その「私＝自己」を名によって指し示し、そうして、その自己を他の人々も認め、かつ、その名で呼んでくれるように要請することが名乗ることである。名前を呼ばれれば返事する、これは、犬の吠え声や車のクラクションを聞いて音のする方向を振り向くのとは違う事態である。人と人とは向き合い、双方向で働きかけ合うものだが、名はその交流を円滑にし、また持続的なものにする。

時の推移とともにある現実と意味次元

持続的とはどういうことか。人々は体のレベルでその都度に関係し合う（顔を見交わす、会釈する、押し倒す等々）だけではなく、過去を考慮し未来を展望する仕方で人との関わり方を決める。いや、人に限らず事象全般に対して、そのような関わり方をすることは多い。しかるに、時の流れというものに対してこのような仕方で対処する人の有り方というものは、一般に人が「意味が力をもち秩序をつくる世界」で生きることに根ざしている。人は黒雲を見て、降り出すかも知れない雨を想い、濡れた地面で昨夜の雨を知る。これらのとき、雨は黒雲や濡れた地面によって呼び出されるもの、言い換えれば黒雲等が意味する意味内容という資格で経験される。

黒雲が湧き起こったときに蛙が鳴き出すとき、私たちは蛙が雨を予知していると言いもするが、蛙はそのときの気象、日照や空気の変化に反応しているにすぎない。その都度の現在を生きているだけであって、雨とは当分は関係ない。猟犬は或る匂いを追跡し、人は糞や嚙《かじ》られたり折られたりしている若枝を追跡する。人は、糞などはそこにエゾジカが居たことを示していて、真新しい糞はもうすぐシカに追いつけることを意味すると判断する。つまりは、いま目にする事柄から過去へ、また未来へと想いを馳せる。だが犬は、「匂いはそこを通り過ぎた兎を意味している」というふうに匂いを経験するのではない。途切れたり、また見つかったり、急に強くなるなどする匂いの現実*4に応じているのである。そうして、そのうちに目が兎の姿を捕らえると兎に飛びかかったり吠えたりするときには、犬の現在の動きを突き動かすものが「匂い」から「見えて動く兎」に変わっ

*4　匂いを嗅ぐとき、匂いと匂いの出所との関係はどのようになっているのだろうか。音を聞く場合とあわせて考えてみよう。

ただけなのである。犬も蛙と同じく現在を生きるだけである。

ここで、他の動物とは違った人間の知覚の有りようを、そのさまざまな様態において確認する作業はしない。それら様態の中で、想像すること（黒雲を見て雨を想像する）、意味事象を感受すること（黒雲から雨に向かうという方向のもとで黒雲と雨との関係――意味するものと意味内容との関係――に敏感で、意味内容に関心が向く）、一般化して概念的に事柄を捉えること（この黒雲を別の黒雲と同様のものとして一般性において理解し、夕立の雨やら長雨やらを一般に雨というものとして把握する）、これらは一続きの働きであり、知覚の時間である現在において、その時の縛りから人を連れ出すことに注意したい。

想われただけの雨は、細部が確定していない抽象的なものに留まる。激しい夕立を想い浮かべれば、しとしと降る雨とは違うのだから「雨一般」よりは具体性を帯びているが、想い浮かべられた夕立は実際にやってくる雨の、すべてが確定した現実性をもたない。また、濡れた地面を早朝に見て、昨夜は雨が降ったなと想うとき、その雨がどのようなものであったかは確定していたであろうが、濡れた地面によって呼び出された意味事象としての雨は確定した細部を持たない。そうして、どのような雨を想い浮かべるかは想い浮かべる人次第だという気儘《きまま》さもある。

翻《ひるがえ》り、仮に現実の雨を知覚するなら限《き》りなく発見してゆける雨の細部、ただし気儘に埋めてゆくわけにはゆかない確定した細部があり、また、雨の降り方が変わると、その変化に即した知覚しか得ることはできない。雨が知覚に先立っているわけで、ここに雨の現実性がある。そうして、その現実は変化してゆく時間的な性格のものである。そこで、黒雲を現に目にするという場合に戻って考えるに、黒雲にこだわり知覚によって無際限の発見をしてゆくことには無頓着で、黒雲の知覚を雨を想うことの縁《よすが》に留めるときには、人は、時の推移とともにある現実を離れた意味次元へと浮遊もしているのである。

意味世界を生きる

だが、このように、現に目にする黒雲や濡れた地面から、今は降っていない雨を想うことへの移行（意味次元への移行）はすでに大したことだが、しかし、このような連結（黒雲→くるだろう雨、濡れた地面→昨夜の雨、一般化して、何かを指し示す事象→指し示される意味事象）がばらばらにあるだけでは、それ自身が多様な要素をもちつつ内的構造をもち、そのことで持続的なものとして持ちこたえる意味世界は生まれない。さまざまな内容でもって人を誘う意味世界をつくるためにさまざまな意味事象を織り合わせてゆくのは言葉である。（「意味内容」と言うときには「意味する側」との関係を意識しているときで、「意味事象」と言うときにはすでに互いにさまざまな連関をなすことで一つのいわば半自律的な「意味世界」をつくっているもの、つまり「意味世界」の構成員という側面に注意をおく場合である。）

確かに、言葉の始まりにして根幹にあるのは、音声による人への働きかけである。その働きかけも最初は相手が音声を聞いたその瞬間に成就することだったろう。それは、焼いている魚を狙ってそろりとやってきた猫に気づいて大声を出すことで猫の動きを止める、それと似たようなこととして生まれる。けれども、人と人との間で幾つもの音声が同じ役割をもって反復されるようになるとき、音声は何かを意味する言葉へと変貌する。人が主導する反復が生み出す一般性は意味次元を開くのである*5。（ちなみに、猫が林檎には目も向けず魚ばかりを、どれも魚であるものを食べることなどは、いわば行動による分類の実行であるが、これは同種のものに出会うことの反復が引き出す行動でしかなく、意味次元を必要としない。）

ここで、黒雲を見る、雨を想像する、これらのことに「黒雲」や「雨」という言葉（語）、「黒い」や「激しい」等の言葉が関係するのかしないのか、関係する場合にはどのように関係するか、そのさまざまを考察することは本稿では控えざるを得ない。ただ、次のことは指摘しておきたい*6。

語は言葉の外の現実と関係づけられることによってだけではなく他の諸々の語と関係をもつことでも意味を獲得してゆくものであり、これら両者の関係がつくる言葉の内外にわたる編み目を通じて、その大筋においては安定した意味世界を各人がつくりあげてゆく道具となる。そうして、同じ言語（語の集合と文）を用いる人々の間では、道具が共通なのだから、各人がつくってゆく意味世界は、規模の大小、細部の個性に大きな違いがありながら、相互に似たようなものとなる。それはむしろ、あたかも広大な共通の意味世界に参与した上で、そこから必要に応じて断片を取り出し変容させ、僅《わず》かの部分に独自の色合いのものを生み出して

*5　詳しくはどういうことだろうか。
*6　前掲『言葉の力』参照。

ゆくことでできているかのようである。語は諸個人によって使用されなければ消滅するのに各個人の外部にある。また、使われ方によってその意味を更新する可能性はあるのに、語は核となる意味を内蔵、保守し、そこで語の流通は人々をまるで同じ意味世界に招くかのようである。（まるで、ではなく実際に同じと言ってよい意味世界部分もある。できる限り厳格な仕方での使用が要請される言葉の群れによってのみ成立可能な社会の制度的構築物が拠って立つ部分である＊7。）

こうして人は、知覚できる現在の事柄に言葉を適用する限りでは必ず、それらの事柄に言葉が織りなす意味世界を通した捉え方をするのである。（また、私たちの社会というものは固定的意味を中核とすることで初めて存立する事柄によって満たされている。或る組織、たとえば青森銀行が持続して存在し機能するには、「青森銀行」という言葉が指し示す事柄――預金や送金ができるとか――が定まっているのでなければならない。）

私たちは呼吸し動き回ったりして生きていると同時に、意味世界を生きている。意味世界を生きるとは、その都度の現在に密着した存在仕方から抜け出て、時間の推移を越えて効力をもつ意味に導かれた有り方を選び得るということである。意味というものは、想像する力をもつ者によって捉えられ、一般性をもつ概念的なものであり、かつ、その反復して感受されるという性格ゆえに、感受する人において時の推移を越えた効力をもつ。

さて、言葉の中で人の名という語はその名をもつ人自身を意味世界の一構成員にしてゆく。先に、名は名をもつ人がどういう人物であるかを語らないと述べたが、名はさまざまな内容を集めてゆくからである*8。そうして、人と人との交流は、その都度の対面的なものであるだけではなく、意味世界でなされるものともなる。また、それゆえにそれぞれの時に閉じこめられずに時の推移を生き延びるものとなる可能性を得る。特に人の名を口にすれば、その名をもつ人のことを、その人が不在であっても想い出せる。（言葉一般については、声という音の重要性に注意した後で、内語が開く想いの世界の広大さに目を遣《や》るべきである。）

変わりながら同じであるもの——「自己同一性」の二つの概念——

人が自己紹介するとき、名を告げるだけに終わらない多くの場合に、人は名の

＊7　具体的例で考えてみよう。
＊8　前掲『言葉の力』参照。

もとで理解してもらいたいあれこれを述べる。しかるに、それはその瞬間の自分がどうであるかを人に言うのではない。「今、すごく緊張しています」とかの口上を述べる場合でも、それは主たる内容となり得ない。自己紹介は或る長いスパンで変わらない自己の特徴（自分自身で了解している限りの特徴）を述べつつ、何よりこれから先のことを念頭になされる。それは自己紹介している相手と或る関係を結んでいこうという意志表示であり、相手への働きかけなのである。そこでそこには、一見は矛盾する二つの当然視された前提がある。己は時が流れることでも変わることなく己であり続けるということと、しかし、その己は新しい有り方へと移行してゆくものであるということと。

実のところ、私たちが生きる時間的な世界では、そこに人が個的事象を認める限りでは*9それらはすべて変化しつつ（或る持続する時の間）自己同一性を保つものとして理解される。先に、或る人を特定するとは体を特定することだ、と確認したが、その体も変化しつつ同一のものと了解されている。そもそも変化を語るには、変化を受け入れる自己同一的なものを前提しないわけにはゆかない。ただし、ここで便宜的に使っている「自己」という言葉には、人それぞれの「自己」を言うときの内容は見られない。このすっかり赤いトマトが昨日収穫したときの上部が緑色だったトマトと同じなんだ、という場合などの「個的なものが同じそのものであり続けるという意味での同一性」を、これもトマト、あれもトマトという「種としての同一性」と区別して言うために「自己同一性」と言っているのでしかないからである。（だから「個的同一性」と呼ぶ方が適切なのかも知れない。）これは、いわば人が何かを外から見る自己同一性で、特に、その何かに違った時に出会う場合に働く概念である。

しかるに人は自分自身の自己同一性を認める。この認めることは、自己は現在にしか存在しないにもかかわらず、過去の自分を引き取り、かつ、これからの自分を自分なりに選びつくってゆこう、新しい有り方へ移行しようとする人の有り方と一体になっている。言い換えれば、自分自身を、単に変わりながら同じであるものと認めるだけではなく、どのような内容で同じであり、どのように変わってゆくかを自分で想い浮かべたり選んだりするのが人間なのである。

そこで、自己紹介の前提となっているもの、という話題に戻れば、この新しい有り方への移行を実現するのに自分自身の意図や希望、努力などが関与できると

＊9　どのようにして或る事柄を「一つ」と認めるのだろうか。

いう更なる前提があるし、自分がどのような有り方をするかに身近な人を始めさまざまな人々との関係が入り込んでくるということの理解もある。人との関係は、気象とか動植物とか、地面や川とかの自然の事象との関係とは違う。それは、どの人もそれぞれの自己として、言い換えれば変化しつつ同じ己であるものとして過去を引き取りつつこれからの己の有り方を模索し、その一環で他の人とあれこれの関係を取ろうとしてくるからである。

　過去を引き取るとはどういうことだろうか。

過去の（評価による）効力と人相互の関わり

　何事《ごと》であれ（個的なものの場合も同種類の事柄の場合も）その来歴（ないし過去の事例）を知ることにはそのものに対処するに当たっての実践的な利点がある。さまざまな事柄は「おおよその」仕方で反復することが多いので、過去を知れば未来の予測可能性が増大するからである。けれども、過去を引き取るというのは、そのような知識の事柄ではない。過去の知識は、それから、過去がこれこれであったから現在はこのようなのだ、また、次にはこのようになるのではないか、という関係についての知識ないし推測も、過去の事柄は過ぎたことで、もはや、ない、ということを変えはしない。過去の有りようが違っていたなら現在は別様になっていたに違いないが、それでも過去は現在の事柄に流れ込みそれに変貌する仕方で消えている。

ところが人は、人が関与する事柄については、過去を過去の資格で気に懸《か》ける。気に懸けるとは、過去自体をいわば評価することと一体になっている。自分の過去で言えば、或ることを後悔するとか誇りに思うとかでは、このことは明白である。単に想い出をたどる場合でさえ、単に記憶の問題だというわけではない。楽しかったとか辛かったとかの価値的響きを伴った事柄こそが想い起こされるのだから。

過失の事柄に対して責任を取るというのはどうだろう。この場合にも価値判断は関与していて、更にこれは、これから何かをするという未来の選びと切り離せないし、ほとんどの場合に他の人々に向けてのものである。事柄の評価は孤立していない。一方で、すでに生じた（ないし生じさせた）ことはなかったことにできないが、時の推移の中での価値のバランス等を考慮して評価する部分はあるのだし、私たちは総じて未来を常により良いものにしようと望む。

他方、自分にとっての価値評価（また自分がなす価値評価）だけではなく、他の人々がどのように評価するかも絡んでいる。結局、人と関わりをもつ限りでは、己に関する事柄を自己評価すると同時に人がその事柄をどう評価するかを気に掛け、人に関する事柄を自分が評価し、その人自身はどのように評価しているかを推測し、それらの交錯する諸評価ゆえに自分はどのように振る舞えばよいかを考え、人がどのように振る舞うかの期待をもつのである。しかも、このようなことが自分と他の人との相互で生じ、かつ、生じることの順序が偶々《たまたま》どのようになるかで事態の動きが変わってくる。

例を挙げれば、人が為《な》したことに敬意を評すると、その人に対する振る舞いもそこから定まってくる。あるいは人が（先方から）自分の或る過去を理由とした振る舞いをこちらが為すことを期待することだってある。十年前のオリンピックで優勝したことで、いまも人々から称賛の目で見てみてくれて当然だ、というふうに。逆に、或る犯罪をおかして更生した人が、過去のことは忘れてもらいたいのに、と空しく願う状況にいるかも知れない。自分では、過去を（償い精算するという仕方で）引き受けつつ新しい自己となるために懸命の努力をした、その重さが人の目に映り、そうして人々は現在のその人にこそ目を注ぐことが望ましいのに、過去の「過去という資格での」効力が余りに強いことがある。（だから人では、感謝と並んで赦《ゆる》しが、生きることの是認、肯定のために必要とされる。）

自己了解と他の人による理解

自己紹介に戻ろう。自己紹介の（名前の他《ほか》の）内容は場合によって千差万別だが、本人Aが自分がどういう者か了解していることの一部である。その自己了解だが、人は自己了解のあれこれのもとでさまざまに行動し、態度を取る。自分は或る職業人だから、男だから、夫だから、こうする、ということなどの他に、三日坊主の性格だから今度は努力して性格を変える、Ｐに頼られていると思っているから無理して手伝うなど、いろいろである。では、自己紹介のときには、どのような了解内容を言うのか。自己紹介している相手とどのような関係を結んでいこうか、という観点で選ばれる事柄である。紹介内容がその関係を方向づけるということは間違いないのだから。出身地や趣味を言うときとは、そのことで共通の話題ができ、親密な関係へ向かうことを期待しているのかも知れない。（詐《いつわ》りの紹介をするという極めて特殊な場合すらないとは限らないが、この場合にもAには或る目論《もくろ》みがある。明らかなことは、Bの側がAについて何かを知ったと思い——言い換えれば、そういう了解をもち——それに基づいてAと或る関係を取ろうとするだろう、ということである。なお、この事情を、知識とは何かの観点から考察することができるが、ここではしない。重要なのは、真偽の問題はさておいて、了解が効力をもつということである。「私は映画が大好きです」とは自分の趣味についての素直な了解の表明であるが、この場合はどうだろうか。映画好きの基準が人によって大きく違うときには、「実際はそれほど好きではないじゃないか」ともなりかねない。けれども、では映画に誘おう、ということは起こり得る。）

さて、或る人との付き合いは自己紹介から始まるとは限らない。誰かCがAをBに紹介することが切っ掛けだという場合、たとえばCが「Aさんは織田信長的性格の人です」とBに紹介する場合を考えてみる。するとAが「Cさんは私のことをそのように思っているのか」とびっくりする場合、言い換えれば紹介内容が自己了解と大きく違うこともあるだろう。あるいは、なるほどと感じつつ、それを殊更《ことさら》に口にするCさんについて、Aは新たな発見をし或る感じ方をする場合もあろう。そして、この紹介という出来事がその後のAとBとの関係の有り方だけではなく、AのCとの接し方に影響を及ぼすことがあるかも知れない。なお、そもそもA、B、C三人が「織田信長的性格」ということで想い浮かべる内容が幾分か異なり、Cはこの紹介によってAについて何をBに伝えたのか、はっきりしないということもあり得る。ただ、そうであったとしても、この紹介の事実は、その後の三人の付き合い方に何らかの跡を残す可能性は高い。

「個人情報」

ここで「自分がどのような者であるか」ということの一部が知られることを基《もと》

に他からの働きかけがある場合として、現代の大問題となっている「個人情報」について考えてみよう。役所や医院が管理している個人情報、職場がもっている情報のようなものもあれば、或る企業の記名アンケートに答えたことで企業が所有することになった情報、たとえば年に何回旅行するか、どんなスポーツが好きか等の情報、あるいはクレジットカードを使うことで残る購買履歴等、或る個人のさまざまな面に関する情報があれこれの場所に或る期間、蓄積される。これらの「情報」と称するもの個々の内容の性格もさまざまである。生年月日や家族構成のような真偽が言えるもの、個人の単なる大雑把な感想、情報の流失と悪用を懸念してAによってわざと出鱈目《でたらめ》に申告された内容などがある。（ただ、そういう内容が或る経緯で出てきたという事実自身に関する情報には知識の資格を与えてよい。）

さて、「情報」とは意味世界の構成物である。そこで、個人情報と言いながら、それは或る誰かの「個人情報」でしかないという未だ抽象的な次元に留まる場合も多い。情報が統計処理のデータとして利用されるときなどである。しかし当然に、この誰かが特定の人に結びつく態勢はいつだってある。つまり、具体的次元へと降りてゆくのである。Aについての情報を得た側は、その情報をもとにA

との関わり方を決めることができる。企業による商品やサービスの（ダイレクトメールや電話等による）宣伝、勧誘などはすぐに思いつく。もっと根本的なところでは、勤務先、役所、保健所などがもつ情報は、Aを社会へ組み込む制度的な事柄が機能するのに不可欠のものである。この制度的な関わりは、一過性的なものに留まるかも知れない前者と違って、強固なものである。

ただし、企業が、Aは旅行好きらしいからこの商品を売り込もうという場合や、保健所が四〇歳になったAに癌検診の案内を送付する場合、企業や保健所にとってAは、名や住所等によって特定されている具体的な或る人物であるのに、いわば顔をもたない。その他大勢の中の一人という位置をしか占めない。別の言い方をすれば、情報を基にしたこれらのようなAとの関わりは、関わる側が対面的にAを知ることなしでもなされ得る。Aというのは、或る特定の体の指定によって限定されるのであるのに、である。

他方、Aの側から考えるとどうか。自分からなす自己紹介の内容も個人情報の小さな一つという位置を占め得るが、自分についてのいわゆる「個人情報」には、自分のことなのに知らない事柄が一杯詰まっているという場合が普通である。或る年度の所得や支払った税等の一覧、どういう買い物をしたかの詳しい記録、医院のカルテに記されたデータなど、膨大な内容を本人がすべて把握していることはあり得ない。それから、噂すら個人情報の一部という位置を占めることもあるが、自分についての或る噂があることを知らないときに、どうして噂の内容を知っていることがあろうか。しかし、あれこれの個人情報に基づき、自分に働きかけてくる人や組織がさまざまにあるのである。そうして情報とは意味事象であるのだから、それらの人や組織にとって自分の存在は或る意味のもとでのみの何か（別の言い方をすれば、或る価値を見いだされる存在）*10である。

自己

けれども、もちろん人は生身の人間である。筆者は、人を特定するとは体を特定することだという当たり前のことに殊更《ことさら》注意を促したし、自己紹介における対面の契機も話題にした。意味世界を経由して人と人との関係が結ばれるとしても、人々の体が同じ世界で共存しているという前提なしに、意味世界をも生きる人という存在はない。体は適切な環境なしでは存在しないが、それぞれの体にとっての環境は他の人の体にとっても環境であり、それは共通の物質的世界でできている。

確かに、人は意味世界を生きるゆえに、また、死を考える或る仕方をも理由にして、人というものを体なしでもあり得る精神（あるいは魂）として規定するたぐいの思想（これ自体、一連の意味事象という資格をもつ）も生まれる。だが、人のその都度の現在の生々しい存在の核を成すのは体である。体の状態を告げる感覚、体の特殊な器官のおかげで可能な環境の知覚、そして、環境中の諸事象を相手になす行動（行動全体ではなく、現に遂行しているそのこと）、これら三者が、人の現在という時間を定義する。（体の感覚は各自に固有の事柄で、他方、体の外の物質的世界は各人には知覚によって経験され、その経験にも各人各様の仕方があるのではあるが、人は、自分が知覚するのと同じ世界を他の人々も知覚しているのだ、という確信をもっている。というのも、知覚は行動を導き、行動によって人は自分の体と諸々の知覚事象とが同等の資格の存在であることを当然とするのであり、しかるに他の人とは知覚事象のうちで自分と同

＊10　「意味」の概念と「価値」の概念とはどのように関係しているか、考えてみよう。

じような体をしたもので、だから自分と同じような仕方で存在し行動するものだと自《おの》ずと理解するからである。）そうして、意味世界は現在に閉じこめられず広がっているが、あれこれの意味事象を感受するそのこと自体の方はまた人のその都度の現在を満たすのである。そうして、この感受の有りようも、感覚、知覚、行動の三者の現在の有りようも、先に雨の知覚を例に述べたことと同じように、細部まで確定し、かつ、移りゆく。

しかるに、私たちはその移りゆくことを知っていて、しかも単に知っているだけではなく、移りゆいてもはやない自分の過去を引き取り、未だない未来を引き寄せる仕方で、自己を生成させようとする。その自己は、現には不在の内容を含むゆえに意味次元でしか象られない一つの意味事象である。

ただ、他の諸々の意味事象とは違って、しょっちゅう気に懸かる（従って重要な）意味事象であり、かつ、気に懸けるそのことが己の現在の事柄として回収され、それゆえに意味事象としての自己は己の現実存在と一体化しようとしながらそのときの己に意味と評価価値とを与える、そういうものである。人は時の流れを通じて内容を得てゆく自己という存在を最終的には肯定するべく、未来に願わしい内容を与えようと欲し、それが叶えられることを願いながら、さまざまな有り方で時の推移を生きる。

著者紹介

湯浅正彦（ゆあさ・まさひこ）

◆**専攻**　西洋近代哲学、とくにカント哲学

◆**主要著作**　『存在と自我――カント超越論的哲学からのメッセージ』勁草書房、二〇〇三年／『超越論的自我論の系譜――カント・フィヒテから心の哲学・ヘンリッヒへ』晃洋書房、二〇〇九年

◆**おすすめの一冊**

大森荘蔵『**流れとよどみ**』産業図書、一九八一年

文字通り不羈奔放というべき、野太い哲学的思考の息吹に接するための好著。

板橋勇仁（いたばし・ゆうじん）

◆**専攻**　日本哲学（西田哲学など）・近代ドイツ超越論哲学（ショーペンハウアー哲学など）

◆**主要著作**　『西田哲学の論理と方法――徹底的批評主義とは何か』法政大学出版局、二〇〇四年／『歴史的現実と西田哲学――絶対的論理主義とは何か』法政大学出版局、二〇〇八年／『ショーペンハウアー読本』（共著）法政大学出版局、二〇〇七年

◆**おすすめの一冊**

中井正一『**美学入門**』中公文庫、二〇一〇年

美しいと感じるとはどのようなことか、それが人生にどのような意味を持っているかをわかりやすく講義したもの。後半では「日本の美」の特徴を具体例とともに説明している。美学にとどまらず、およそ哲学そのものへの最良の入門書の一つ。

金井淑子（かない・よしこ）

◆**専攻**　社会倫理学、フェミニズムの哲学

◆**主要著作**　『倫理学とフェミニズム――ジェンダー・身体・他者をめぐるジレンマ』ナカニシヤ出版、二〇一三年／『依存と自立の倫理――「女《わたし》／母の身体性から」』ナカニシヤ出版、二〇一一

一年／『〈ケアの思想〉の錨を――3・11、ポスト・フクシマ〈核災社会〉へ』ナカニシヤ出版、二〇一四年

◆おすすめの一冊

姜信子×ザーラ・イマーエワ『旅する対話　ディアスポラ・戦争・再生』春風社、二〇一三年

「問うこと、生きることをあきらめない」在日三世の作家と、亡命チェチェン人ジャーナリストが、朝鮮民族とチェチェン人が追放された荒野を旅し、故郷喪失者《ディアスポラ》のまなざしで世界を見つめ、語り合う。不穏な空気を濃くする今をつらぬく〈予感〉に満ちた対話集！（帯カバーより）。哲学することの現場は、この二人の女性のような、国家や民族の壁に阻まれ「境界」に生きざるをえない存在のその身体をかいくぐった言葉にこそあるという意味で、書架を見渡しながら目に入ってきたこの書を挙げておきたい。

松永澄夫（まつなが・すみお）

◆専攻　フランス哲学、言語論、社会哲学

◆主要著作　『価値・意味・秩序』東信堂、二〇一四年／『音の経験――言葉はどのようにして可能となるのか』東信堂、二〇〇六年／『食を料理する――哲学的考察』東信堂、二〇〇三年

◆おすすめの一冊

ハルバースタム（筑紫哲也・斎田一路訳）『メディアの権力』サイマル出版会、一九八三年

原著は一九七九年で古いが、現在でも読むに値する。アメリカのマスメディアの歴史を、タイム、ロスアンジェルス・タイムズ、ワシントン・ポスト、CBSを軸にたどったもの。イギリスのメディアについては、小林恭子『英国メディア史』中央公論新社、二〇一一年。

哲学《てつがく》 はじめの一歩《いっぽ》 2 〈私《わたし》〉であること

二〇一五年八月二四日 初版発行
二〇一六年三月二四日 二刷発行

編者 立正大学文学部哲学科《りっしょうだいがくぶんがくぶてつがくか》

発行者 三浦衛
発行所 春風社 *Shumpusha Publishing Co.,Ltd.*
横浜市西区紅葉ヶ丘五三 横浜市教育会館三階
〈電話〉〇四五・二六一・三一六八 〈FAX〉〇四五・二六一・三一六九
〈振替〉〇〇二〇〇・一・三七五二四
http://www.shumpu.com ✉ info@shumpu.com

装丁・レイアウト 矢萩多聞
装画 鈴木千佳子
印刷・製本 シナノ書籍印刷株式会社

ISBN 978-4-86110-459-6 C0010 ¥3241E（四冊揃）

『哲学　はじめの一歩』刊行のことば

17から20歳になれば、思春期の背伸びの後に、突っ張りやおしゃれだけでなく、知的にも背伸びをしてみよう。それも、小難しい言葉や観念に酔うだけで実際の思考は空回り、というのではなく、手応えある内容を生活の中に持ち帰るために。これまで当たり前だと思っていたさまざまな価値観と距離を取り、生きることの意味さえ含めて問いなおしてみよう。このような試みは若いうちに当然に生まれるものであるが、これをどのような深さで遂行するかによって後《のち》の日々の生活の足取りは変わってくるはずだ。

どうして人のこんなにもさまざまな生活があり、異なる社会があり、違った考え方、価値観をもつ人々がいるのか。夥《おびただ》しい情報が行き交う現代は、そのことを思い知らされる時代である。しかし多様な様相の底で、人の生を織り成す幾筋かの共通で基本的な織り糸はある。それらを探り、それらが関係しあう様《さま》に光を当てよう。

生きてゆくと、否応なくさまざまな問題、困難が降りかかる。そんなときでも自分は立ち向かうことができるはずだ、という勁《つよ》い確信を得るために、ものごとを解きほぐし、表面に現れた諸相を生成させている理屈を見つけてゆく、そういう考え方を身につけよう。哲学に親しむとは、自分の芯となる思索力を訓練することである。

『哲学　はじめの一歩』という、4つの冊子、16の論稿から成る本書のテーマは、いわばまっすぐな選択というか、人が「己が生きること」を考えるときの基本となることである。

ぜひ若者たちに手にとってもらいたい。もう「若者」ではない方でも、少し立ち止まり、人生とはどんなものであるかをあらためて考えてみたいときに、その材料やヒントとして読んでいただきたい。どの論稿から読みはじめてもかまわない構成になっている。また、高校の「倫理」を担当される先生方、大学で「哲学教養科目」「哲学演習」を担当されている先生方には、教材として利用していただければと願っている。——生きることを「よし」と言おうではないか。